Königs Erläuterungen und Materialien
Band 142

Erläuterungen
zu Arthur Millers
Der Tod
des Handlungsreisenden
Hexenjagd

Von Dr. Karl Brinkmann †

durchgesehen von Dr. Robert Hippe

C. Bange Verlag - Hollfeld/Ofr.

Herausgegeben von Dr. Peter Beyersdorf, Gerd Eversberg
und Reiner Poppe

4. erw. Auflage 1983
ISBN 3-8044-0239-9
© 1980 by C. Bange Verlag, 8607 Hollfeld/Ofr.
Alle Rechte vorbehalten
Druck: Lorenz Ellwanger, 8580 Bayreuth, Maximilianstraße 58/60

INHALTSÜBERSICHT

Arthur Miller 5

Der Tod des Handlungsreisenden 7
  Der Siegeslauf des Werkes und seine Gründe 7
  Sachliche Erläuterungen 11
  Das Bühnengeschehen 12
    Zur Szene 12
    Das realistische Bühnengeschehen 14
    Requiem 22
    Das irreale Geschehen 23
  Sozial- und Zeitkritik in
  „Der Tod des Handlungsreisenden" 27

Hexenjagd 36
  Entstehung und Titel 36
  Die geschichtlichen Voraussetzungen 39
  Sachliche und sprachliche Erläuterungen 44
  Gang der Handlung 46
    Vorbemerkung 46
    Erster Akt 47
    Zweiter Akt 55
    Abschluß 65

„Hexenjagd"–Tragödie der Umbruchzeit 66
  Allgemeines 66
  Zu den Charakteren 67
  Weg zur Menschlichkeit 71
Literaturverzeichnis 74

ARTHUR MILLER

Arthur Miller ist als Sohn österreichischer Einwanderer am 17. Oktober 1915 in New York geboren worden. Er studierte an der Michigan Universität, verdiente seinen Unterhalt als Hafen- und Landarbeiter und wurde so mit dem Leben der einfachen Arbeiterbevölkerung vertraut. Als er seine literarische Karriere begann, war er ein kleiner Angestellter in einem New Yorker Warenhaus. 1945 erschien sein erster literarischer Versuch, der Roman „Focus", der aber nur wenig Beachtung fand und erst 1950, als Miller durch Dramen weltberühmt geworden war, auch in Deutschland erschien. Den ersten Theatererfolg errang Miller 1947 mit „All my Sons", das 1948 auch ins Deutsche übersetzt und veröffentlicht wurde. Es ist ein Stück harter Sozialkritik. Ein Fabrikant, „der alte Josef", hat aus Gewinnsucht schlechte Motoren für Militärflugzeuge geliefert. Mit einem dieser Flugzeuge stürzt sein Sohn an der japanischen Front ab und findet den Tod. Dieser Zugriff gegen das die amerikanische Öffentlichkeit beunruhigende Problem der Korruption aber genügt Miller nicht. Er weitet es zum menschlichen aus. Die Familie des Kriegsgewinnlers vermag nicht zu fassen, daß der Gatte und Vater eines solchen Verbrechens fähig ist. Alle lieben ihn, und der alte Josef hat die Tat auch nur begangen, damit es seine Söhne einmal besser haben sollen als er. Die Mutter weigert sich, an den Tod des Sohnes zu glauben, der jüngere Sohn ringt um eine Begründung und wird dabei zum unerbittlichen Richter über den Vater. Diese liebevoll-familiäre Selbstsucht, die Motiv für das Verbrechen am Staat, an der menschlichen Gesellschaft und am eigenen Sohn wurde, schlägt alle Angehörigen des alten Josef mit der Blindheit der Liebe. Sie setzt aber gerade so die Mechanik des Schicksals in Bewegung, die ihn schließlich zum sühnenden Selbstmord treibt. Das zentrale Problem ist hier wie folgenden Werk das Eingeständnis der eigenen Schuld und Schwäche.

Ein Welterfolg wurde Millers zweites Drama, das sich 1949 gegen alle Erwartungen in New York bereits mit der Uraufführung durchsetzte und in einigen Monaten auf den Bühnen der ganzen Welt erschien und bereits 1950 verfilmt wurde. Es war „Death of a Salesman", „Der Tod des Handlungsreisenden". 1949 wurde Miller für dieses Werk mit dem Pulitzer-Preis für dramatische Dichtung ausgezeichnet. Das Werk hat sich seitdem ununterbrochen überall in der Welt auf den Bühnen gehalten, es wurde noch 1968 in einer deutschen Fernsehfassung mit Heinz Rühmann in der Hauptrolle gesendet. Den gleichen Erfolg erreichte auch das nächste Werk Millers, „The Crucible", das 1953 in New York uraufgeführt und im gleichen Jahr auch unter dem Titel „Hexenjagd" von deutschen Bühnen übernommen wurde.

Die weiteren Dramen Millers konnten diese beiden Erfolge nicht wiederholen, zählen aber ebenfalls zu den Werken der jüngeren Weltliteratur. Nach „Der Blick von der Brücke" (1957) erschienen „Nach dem Sündenfall" (1963) und das wieder sehr erfolgreiche „Zwischenfall in Vichy" (1964). Außer dem Roman „Focus" (deutsch „Brennpunkt"), der antisemitische Auswüchse in einer New Yorker Firma gegen Ende des zweiten Weltkrieges behandelt, schrieb Miller den Roman „The Misfits" (deutsch „Nicht gesellschaftsfähig", 1961), in dem die Ablösung des romantischen Prärielebens der Cowboys durch die moderne Technik und Zivilisation dargestellt wird.

1964 erschien „After the Fall" („Nach dem Sündenfall"), im gleichen Jahr noch „Incident at Vichy" („Zwischenfall in Vichy"); 1968 schließlich „The Price" („Der Preis"). Seither ist es still um Arthur Miller geworden.

DER TOD DES HANDLUNGSREISENDEN

Der Siegeslauf des Werkes und seine Gründe

Am Tage der Premiere von „Der Tod des Handlungsreisenden" fand auf dem Brodway eine zweite Uraufführung statt. Es war „Das Lächeln der Welt" von Garson Kanin, der durch „Born Yesterday" als Erfolgsautor bekannt geworden war. Der Aufführung von Millers Werk sah man allgemein mit Besorgnis entgegen, zahlreiche Kritiker prophezeiten ihm einen krassen Mißerfolg. Es war ungewöhnlich, entsprach in keiner Weise den geläufigen Vorstellungen oder gar Erfolgsrezepten. Überdies enthielt es das Wort „Tod" im Titel. Aber das Unerwartete geschah. Millers „Tod" siegte über Kanins „Lächeln" und nahm in kurzer Zeit einen Siegeslauf über die ganze Welt, um heute, zwanzig Jahre nach der Uraufführung, lebendig zu bleiben wie am ersten Tag, während Kanins Werk praktisch vergessen ist. Vordergründig sah das Publikum die soziale Kritik. Das Stück gab nach Johannes A. Kleins „History of English and American Literature" (Bielefeld, 3. Auflage) „A picture of the moral decay that commercialism may involve", „Ein Bild von dem moralischen Verfall, den die Kommerzialisierung hervorrufen kann". Es kam in einer Zeit, in der auch sonst in der dramatischen und epischen Dichtung der amerikanische Fortschrittsoptimismus und der Glaube an die seligmachende Kraft des wirtschaftlichen Erfolges und des Wohlstandes erschüttert wurde. Miller stellt die Tragödie des kleinen Alltagsmenschen dar, eines Durchschnittsbürgers mit seinen Sorgen um das tägliche Brot, um Ratenzahlungen und das mühsam erworbene, bescheidene Heim, mit der Angst vor dem Altern und der Hoffnung auf besseres Leben für die Kinder.

In Europa, im Naturalismus und seinen Nachfolgern, bedeutete soziale Kritik die Darstellung des menschlichen Elends der Besitzlosen und Entrechteten und seiner Ursachen in der ungerechten Verteilung des Besitzes nach Herkunft, Stand und Erbe. Sie war immer Anklage gegen die Besitzenden und Machthaber, die das Elend verschuldeten. Sie wird im Naturalismus auch Anklage gegen die Industrialisierung, die überlieferte soziale Ordnungen zerstörte und an ihre Stelle Ungerechtigkeit setzte, indem sie der Idee und der Legalität nach den Schein der Ordnung aufrechterhielt. So wird der Kampf um eine gerechte Gesellschaftsordnung immer ein Kampf gegen Standesvorteile und Standesvorurteile.

Für den Amerikaner ist das nicht ohne weiteres annehmbar. Standesvorrechte haben in der Regel dort nicht das Ende der Kolonialzeit erlebt. Jeder hat die gleichen Chancen, jedem steht der Weg zum Erfolg, Reichtum und Ansehen offen. So verlangt es die Verfassung, und der Glaube daran ist fest im amerikanischen Bewußtsein verwurzelt. Erfolg oder Versagen sind Ergebnisse der Begabung, des Könnens und der richtigen Einschätzung von Personen und Mitteln, vor allem aber der Selbstkenntnis. Sie sind freilich mehr, sie hängen auch vom Glück ab, vom Zufall, von unberechenbaren Mächten. Kein Unglück kann aber so groß sein, daß es sich nicht aus eigener Kraft in sein Gegenteil verkehren ließe. Zu den Imponderabilien gehört auch die Wahl der beruflichen Tätigkeit, die nicht im europäischen Sinne als Berufung und Entfaltung innerer Kräfte und Fähigkeiten angesehen wird. Sie ist nur Mittel und Weg zum Erfolg. Deshalb bedeutet es auch nicht viel, wenn jemand den Beruf wechselt, wie es Biff Loman tat, ohne zunächst die Besorgnis des Vaters zu erregen: „Im Anfang, als er noch jung war, hab ich gedacht, na ja, er ist jung, es kann gar nichts schaden, wenn er sich ein bißchen umtut und alles mögliche anfängt. Aber darüber sind jetzt mehr als zehn Jahre vergangen, und er verdient immer noch keine fünfunddreißig Dollar die Woche." Dieser Glaube an den Erfolg, eine Art religiöser Überzeugung, hat mindestens eine Wurzel im Puritanismus der frühen Einwanderer. Ihnen zeigte sich die Prädestination, die Auserwähltheit durch Gott, nicht nur geistlich, sondern auch im Erfolg in dieser Welt. Mißerfolg war also ein Zeichen dafür, daß der Betroffene von Gott verworfen war. Eine zweite Wurzel mag in den eigentümlichen Verhältnissen des Pionier-Zeitalters liegen. Alles wirkt aber zusammen und verführt gleichzeitig zu der Überzeugung, daß der Mensch zum Erfolg bestimmt ist, und daß alles Heil deshalb von der möglichst hohen Bildung, von der Vielseitigkeit des Wissens und Könnens abhängt.

Die Determiniertheit des menschlichen Lebens hat man als Nähe zum antiken Schicksalsbegriff gedeutet, womit aber das Neuartige und Einmalige im Drama Millers nur unvollkommen erfaßt wird. Er führt in „Der Tod des Handlungsreisenden" das Problem weiter ins Existentielle, ohne aber der Praxis des psychoanalytischen Dramas, das zur Zeit der Entstehung des Werkes in Amerika beherrschend war, zu folgen. Es geht ihm um den Menschen, aber nicht um exakte Beobachtung und Nachzeichnung unter Vorbehalten oder vorgefaßten Anschauungen. Auch dort, wo Miller expressionistischen oder surrealistischen Anregungen folgt, bleibt

er Realist. In einem Aufsatz über „Die dramatische Situation von heute" schrieb er: „Niemand macht sich noch Illusionen — Illusionen gelten als Torheit. Was für Illusionen übrigens. Vor allem die, daß der Schriftsteller die Welt retten könne. In diesem Punkt ist man allgemein der Ansicht, daß ihr einfach nicht zu helfen ist. Eingeklemmt zwischen der determinierenden Unabhängigkeit ökonomischer Regeln und dem eisernen Zwang seelischer Bedingtheiten könnte man sich — ihrer Ansicht nach — nur lächerlich machen, wenn man mit großem Stimmaufwand ein Credo, einen Notschrei oder auch nur einen Gesichtspunkt hinausschrie. Vielleicht haben sie tatsächlich keine Gesichtspunkte und kennen keine harte Not — was für mich schlechthin unverständlich ist.
Unsere Jugend, das waren Shaw und Ibsen, das waren O'Neill und all die anderen Großen, die noch die zentrale Frage unablässig zum künstlerischen und geistigen Mittelpunkt ihrer Kunst machten: wie kann der Mensch Herr werden über sich selbst, so daß er humaner wird und lernt, aus größerer innerer Kraft heraus zu leben. Ich frage daher: Wo sind unsere Rebellen geblieben, die es darauf angelegt hatten, der Welt ihre persönliche Ansicht ins Gesicht zu schleudern? Sind vielleicht alle Menschen glücklich und zufrieden heute? Glaubt man, die Lebensprobleme für alle Zeiten gelöst zu haben? Wo sind die Stücke, die erschüttern und aufrütteln, die unsere Probleme widerspiegeln, womit sich jeder einzelne Tag für Tag herumschlägt?"
Miller sucht danach nicht so sehr das soziale Problem, sondern das menschliche. Nicht die gesellschaftlichen Verhältnisse sind falsch, sondern der Mensch ist es in seinem Verhältnis zu ihnen. So strebt Miller nicht danach, die gesellschaftlichen Zustände zugunsten irgendeiner Ideologie zu verändern. Es kommt ihm vielmehr darauf an, die Menschen humaner, ihrer innersten Kräfte bewußter zu machen. So ist sein Stück weder eine ausweglose Anklage noch ein Aufruf zur Revolution. Es ist die Tragödie eines Menschen, der das Leben nicht versteht, der sich selbst ununterbrochen etwas vorlügt, der mit sich selbst nicht zurechtkommt, weil er sich selbst nicht kennt. „He never knew who he was", sagt sein Sohn Biff von ihm, „er wußte nie, wer er war." Willy Loman kämpfte um den Erfolg mit falschem Einsatz, mit Selbsttäuschung und Phantasterei. „Niemand soll einen Stein auf diesen Mann werfen", sagt sein einziger Freund Charley, der selbst den Weg, den Willy vergeblich suchte, gefunden hat, an seinem Grabe. „Begreif doch: Willy war ein Reisender. Und für einen Handlungsreisenden hat das Leben keinen festen Boden. Er baut keine Häu-

ser, er spricht kein Recht, er verschreibt keine Medizin. Er ist ein Mann, der irgendwo in der Luft schwebt, der mit seinem Lächeln reist und mit seiner Bügelfalte. Und wenn sein Lachen nicht mehr erwidert wird — dann stürzt eine Welt ein. Dann wird sein Hut speckig und es ist aus mit ihm." Der Beruf ist Sinnbild der Lebenssituation des Helden.

Miller traf in seinem Werk eine Situation, die für das Leben der Nachkriegszeit allgemein typisch und keineswegs auf Amerika beschränkt ist. Das Mißverstehen seiner selbst und des Lebens ist keine Frage der Erkenntnis, sondern der Existenz, der inneren und der von außen an den Menschen herangebrachten Anlage.

Dem Menschen fehlt der Halt und der Polarstern im ewig wechselnden Meer des Lebens, in dem nur die Ungewißheit sicher ist. Da behilft er sich mit dem falschen Schein, er konstruiert um sich eine trügerische Welt von schönen Lügen und glitzernden Selbsttäuschungen, von erdichteten Idealen und propagierten Scheinwerten, in der er doch nicht heimisch werden kann, ohne sich an der Wahrheit und Wirklichkeit zu stoßen. Gegen das Leiden an der Welt gibt es kein Heilmittel von außen. Es bedarf der inneren Umkehr, der Orientierung auf das wahre Ich. Dazu bedarf es wiederum des Bewußtseins der Wahrheit und deren bedingungsloser Hinnahme. Es kommt darauf an, sich selbst getreu zu werden. Mancher freilich, der allzu eng in die Gespinste der Täuschung und Selbsttäuschung verstrickt ist, kann an der plötzlichen Konfrontation mit der Wahrheit zerbrechen.

Wie beim ersten Drama Millers wird auch hier der Held, Willy Loman, von der Liebe seiner Familie getragen, die für alle seine Fehler eine aus der Kraft der Liebe erwachsende Begründung und Entschuldigung findet, die wiederum Selbsttäuschung ist. Da heißt Geschwätzigkeit Temperament, Rechthaberei Energie des Erfolgsmenschen, sinnlose Phantastik Reichtum an schöpferischen Ideen. Für seine Frau ist Willy „der schönste Mann der Welt", der von seinen Kindern „vergöttert" wird. Sie fordert von ihren Söhnen, die den Vater durchschauen, Achtung und will verhindern, daß er jemals erfährt, wie gründlich er durchschaut wurde: „He is a human being and a terrible thing is happening to him. So attention must be paid. He's not allowed to fall into his grave like an old dog. Attention, attention must be finally paid to such a person." („Er ist ein Mensch und etwas Schreckliches geht mit ihm vor. Darum muß ihm Achtung erwiesen werden. Er darf nicht wie ein alter Hund in sein Grab fallen. Achtung, Achtung muß deshalb einem solchen Menschen erwiesen werden"). Millers Haltung gegenüber seinem Helden ist vom Mitleiden bestimmt. Gerade darin aber trifft er heute auch die Menschen, die unter der gleichen Unsicherheit leben wie Willy Loman, die sich in Vorstellungen einrichten, an die sie nicht recht zu glauben vermögen, und die an ihnen festhalten, obwohl sie keinen Halt finden. Miller schildert in seinem Werk eine Lebenssituation, die allgemein verbreitet ist. Darin liegt das Geheimnis seines schnellen und bleibenden Erfolges, der stets andauernden Teilnahme, die sein Drama hervorruft. Gleichzeitig will das Werk über die passive Anteilnahme hinaus den Menschen helfen, sich selbst über das eigene Wesen und den Auftrag, den jeder in der Gemeinschaft erfüllen muß, klar zu werden. Es will Lebenshilfe sein. Dazu muß der Zuschauer die Aufrichtigkeit aufbringen, die nicht erzwungen werden darf, die jeder vielmehr sich selbst schuldig ist. Das ist nicht nur das besondere Anliegen der amerikanischen Gegenwartsdramatik, sondern das entscheidende Problem der gegenwärtigen Menschheit.

Sachliche Anmerkungen

Albany: Hauptstadt des Staates New York am Hudson-River.

Bangor: Stadt im Staate Maine, dem nördlichsten der Neu-England-Staaten.

Boston: Hauptstadt des Staates Massachusetts. „Wiege der Revolution" durch die „Boston Tea Party" (1776).

Hartford: Hauptstadt des Staates Connecticut am Connecticut-River, Schwerpunkt des Tabakwarenhandels.

Ignorant: Nichtwisser, Unwissender.

Long Island: Die größte Insel an der Ostküste der USA im Staate New York mit vielen Seebädern. Auf ihrem Westteil liegen die New Yorker Stadtteile Brooklyn und Long Island City.

Portland: Hafenstadt im Süden des Staates Maine.

Providence: Hauptstadt des Staates Rhode Island.

Punchingball: Übungsgerät für Boxer.

Towarisch: russisch, scherzhafte Anrede: Genosse.

Tunney, Gene: amerikanischer Boxmeister zur Zeit der Entstehung des Dramas.

Virginia University: Universität des Staates Virginia in Charlotteville. An ihr Student gewesen zu sein, macht gesellschaftsfähig.
Waterbury: Stadt im Staate Connecticut am Naugatuck River, Mittelpunkt der amerikanischen Messingindustrie.
Yonkers: Vorstadt im Süden von New York, links vom Hudson.

Das Bühnengeschehen

Zur Szene

Wie der Beruf des Handlungsreisenden, so ist auch der Schauplatz des Geschehens sinnbildlich gedeutet. Die klassischen Gesetze des Dramas und jegliche realistische Bühnengestaltung sind aufgehoben. Die rasch wechselnden Bilder berichten von dem verfehlten Leben des Helden, ohne daß dazu eine Veränderung nötig würde. Die äußere und die innere Wirklichkeit gehen ineinander über, das heißt, daß nicht nur die Ereignisse des Augenblicks, sondern auch die Erinnerungen und Wunschträume sichtbar gespielt werden.
Man sieht auf der Bühne das kleine, zerbrechlich wirkende Haus Willy Lomans, das auf allen Seiten von riesigen Mietskasernen fast erdrückt und verdunkelt wird. Hauptschauplatz ist die Küche in der Mitte des Hauses, deren Inventar, darunter ein Kühlschrank, ganz realistisch wirken soll. Rechts von ihr liegt auf einem wenig erhöhten Podium das Schlafzimmer der Eltern mit zwei eisernen Bettstellen. Über einem Bett steht auf einem Brett die silberne Trophäe aus einem sportlichen Wettkampf. Hinter der Küche liegt auf einem etwas höheren Podium das zunächst nur angedeutete Schlafzimmer der beiden Söhne, dessen Fenster erkennen läßt, daß es eine Dachkammer ist.
Miller verlangt ausdrücklich das Licht als Mittel der Einstimmung für den Zuschauer. Zu Beginn des Spieles liegt über dem Haus und der Vorbühne das kühle, beruhigende Blau des Himmels, während die Umgebung „in einem bösen Orange", einer aufreizenden und unheimlichen Farbe, glüht. Die einzelnen Teile des Hauses können abwechselnd aufgehellt und damit Spielfläche werden. Zunächst geschieht das mit dem Schlafzimmer der Söhne hinter der Küche. Charakteristisch ist auch die Anweisung für die

Szene, in der Howard, der junge Chef, sich nicht traut, dem Reisenden, der 34 Jahre für die Firma geschuftet hat, zu sagen, daß er ihn entlassen will und ihn unter einem Vorwand allein läßt. Die Bühnenanweisung schreibt vor, daß sein Stuhl, sobald er abgetreten ist, „von einem sehr hellen, eigentümlichen Licht beleuchtet" wird. Sinnbildlich ist damit angedeutet, daß es auch für Willy Loman hell wird, daß er anfängt, die harte Wirklichkeit und Wahrheit hinter dem Nebel seiner Illusionen zu erkennen.

Zum Licht tritt als deutendes Element die Musik, die hinter der Bühne die Auftritte verschiedener Gestalten oder Höhepunkte des Geschehens begleitet. Durchgeführt wird eine Flötenmelodie, deren Thema nach Millers Forderung „das Gras, die Bäume und der Himmel" sind. Sie bildet zu Beginn des Stückes eine Ergänzung zu der traumhaften Atmosphäre des Hauses und der bedrückenden seiner Umgebung. Sie erklingt wieder am Ende des Geschehens, als die Angehörigen sich vom Grabe Willy Lomans entfernen, als er endgültig einsam und allein mit seinen Träumen ist. Musik ertönt erneut auf, wenn sich auf der Bühne Traum und Wirklichkeit vermischen. Ähnliche dramaturgische Funktionen sind auch bestimmten Geräuschen zugedacht wie dem Lachen der unsichtbaren Frau, mit der Willy auf einer seiner Reisen einst ein Abenteuer erlebte, der Lärm des Großstadtverkehrs und das Aufheulen des Motors von Willys Wagen vor der Katastrophe. Dahin gehört auch das Diktaphon, das Tonbandgerät, das Howard dem alten Reisenden, den er entlassen will, umständlich als Neuerung vorführt, um seine eigene Verlegenheit zu überbrücken. Einzelne Gestalten sollen nach der Bühnenanweisung durch bestimmte musikalische Motive charakterisiert werden.

Um das traumhafte Geschehen sichtbar zu machen, fordert Miller, daß die Dekoration transparent gemacht wird. Die Szenen, die sich in Willys Phantasie zutragen, spielen auf der Vorbühne. Solange die Handlung in der Gegenwart spielt, richten sich die Schauspieler nach den imaginären, im Bild angedeuteten Wänden des Hauses und betreten es nur durch die Tür. In den Szenen, die in der Vergangenheit spielen, bei den Auftritten der jungen Frau Linda oder des Bruders Ben, werden die Grenzen aufgehoben. Die Schauspieler betreten oder verlassen die Vorderbühne „durch die Wand". Soll die Szene wechseln, für das Büro, die Weinstube oder das Hotelzimmer, so genügt es, wenn die Konturen dunkel gehalten werden und die hell erleuchtete Spielfläche durch einige Requisiten aufgefüllt wird, die dann bequem — durch die Darsteller selbst — entfernt werden können.

Das realistische Bühnengeschehen

1. Akt:

Willy Loman kommt mit seinen Musterkoffern in sein Haus zurück. Er wollte wieder auf die Reise gehen, hat es aber nicht geschafft. Der Zustand tiefer Erschöpfung macht ihm unmöglich, den Wagen zu fahren. Schon innerhalb New Yorks mußte er umkehren. Seine Frau sucht Gründe für sein Versagen in Überarbeitung, vielleicht auch nur in der aus Sparsamkeit beibehaltenen unzureichenden Brille. Sie glaubt, daß seine Firma ihm nach jahrzehntelangem treuem Dienst eine Beschäftigung in New York geben und das Reisen ersparen muß. Aber der alte Chef der Firma, der ihn schätzte, ist tot. Es ist zweifelhaft, ob sein Sohn die alten Verhältnisse richtig kennt. Willy ist auch besorgt wegen seiner Söhne. Sein Ältester, Biff, ist nach längerem Fernbleiben unerwartet heimgekommen. Trotz seiner vierunddreißig Jahre hat er in allem, was er versuchte, nie ausgehalten, noch immer hat er keine angemessene Arbeit und kein ihr entsprechendes Einkommen. Der Vater aber träumt ihn schon wieder in eine Rolle als Vertreter, in der er sehr erfolgreich sein wird. Die Erinnerungen an die sportlichen Erfolge Biffs in seiner Schulzeit, die er ohne Abschluß abbrach, nachdem er in der Vorprüfung versagt hatte, überwältigen ihn. In die Träume brechen aber die sehr realen Sorgen und Lasten des Alltags und vermischen sich mit Erinnerungen an früher.

Während Linda ins Schlafzimmer zurückgeht und Willy sich in die Küche begibt, um etwas zu essen, wird das Schlafzimmer der Söhne hell. Sie machen sich Sorgen um den Vater, von dem abgerissene Wendungen eines Selbstgesprächs zu ihnen dringen. Die beiden schwelgen in Erinnerungen von mehr oder weniger prahlerischem Charakter über Liebesabenteuer mit recht zweifelhaften Frauen. Happy, der den selbstbewußteren Eindruck macht, ist nicht bereit, zuzugeben, daß er erfolglos ist, Biff dagegen leidet unter Selbstvorwürfen wegen seines Versagens und der Enttäuschung, die er den Eltern und auch sich selbst bereitete. Er suchte in der Weite das Abenteuer und flüchtete vor seiner Unzulänglichkeit ins Vaterhaus zurück. Beide Söhne haben Traumvorstellungen von sich selbst und gestehen sich selbst und einander nicht die volle Wahrheit. Ihre zwischen halber Wahrheit und unrealistischem Renommieren schwankenden Reden werden durch die Stimme des Vaters

unterbrochen, der im Halbdunkel der Bühne ein erdichtetes Gespräch aus Erinnerungen und Wünschen mit den Söhnen führt. Es gipfelt in dem prahlerischen Versprechen, sie auf eine Reise mitzunehmen: „Ich zeige euch alle Städte. Amerika ist voll von schönen Städten mit netten, ordentlichen Leuten. Und man kennt mich. Jungens, man kennt mich in jedem Nest in Neu-England. Die nettesten Leute. Und wenn ich euch beide mitbringe, dann gilt das Sesam-öffne-dich für uns alle, denn das sage ich euch, Kinder, ich habe Freunde. Ich kann mein Auto in jeder Straße von Neu-England parken, und die Verkehrspolizisten passen darauf auf, als wenn's ihnen gehörte. Also im Sommer, wie?"
Vergangene herbe Enttäuschungen mischen sich in die Träume, bis Linda realistisch wieder in der Küche sitzt und Willy in ein Gespräch über die Söhne verwickelt, in das sich auch der junge Bernard einmischt. Durch die Unruhe angelockt kommt zunächst Happy hinzu, dem der Vater bedrückt gesteht, daß er nicht mehr Auto fahren kann. Zum erstenmal taucht in diesem Gespräch auch die mit Wunschvorstellungen vermischte Erinnerung an den Onkel Ben auf, der sich schon jung aufmachte, den großen Erfolg zu suchen. Sorge um den unerwartet von der Reise zurückgekehrten Freund führt auch Charley herbei. Um Willy abzulenken, fordert er ihn auf, mit ihm Karten zu spielen. Willy aber vermag nicht, sich auf das Spiel zu konzentrieren. Die Sorgen lassen ihn nicht zur Ruhe kommen. Charley, der in seiner Sachlichkeit Willys bedrängte Lage längst durchschaut, der auch genug Erfahrungen mit ihm hat, nachdem er ihm oft borgte in der gutherzigen Erwartung, sein Geld trotz aller gegenteiligen Beteuerungen Willys abschreiben zu müssen, bietet ihm vorsichtig und taktvoll eine Beschäftigung an. Willy weist ihn ab, bricht aber zusammen und gesteht, daß er „völlig blank" ist. Während sie zerstreut spielen, glaubt Willy, den Bruder Ben zu sehen. Als er Charley verwirrt mit dem Namen des Bruders anredet, erkundigt sich dieser nach ihm und erfährt, daß Bens Frau vor einigen Wochen aus Afrika die Nachricht vom Tode des Bruders schickte. Hoffnung auf eine Erbschaft bleibt allerdings nicht, weil Ben sieben Söhne hat.
Da sich Willy in Träumen verliert, bricht Charley das Spiel ab und geht. Willy ist im Traumgeschehen in frühere Jahre versetzt, als er und Linda noch jung waren, Ben in die weite Welt ging und ihn mitnehmen wollte. In diese Träume aber mischen sich Erinnerungen an die Zeit, da er den heranwachsenden Jungen gegenüber allzu weitherzig war und ihre die Grenze des noch Zulässigen überschreitenden Streiche als Beweis ihrer Begabtheit nahm. Er

verweilt in seinem Traumreich, auf der Vorbühne, während die realistische Handlung sich in der Küche fortsetzt. Es folgt eine Aussprache zwischen Linda und Biff. Die Mutter möchte zwischen Vater und Sohn vermitteln, deren Verhältnis gespannt ist: „Du kannst nicht zu mir allein kommen, denn ich liebe ihn. Er ist mir das Liebste auf der Welt, und ich dulde nicht, daß irgend jemand ihm Veranlassung gibt, sich überflüssig und minderwertig vorzukommen. Du mußt dich jetzt entscheiden, mein Junge. Es gibt kein Ausweichen mehr. Entweder ist er dein Vater und du behandelst ihn mit dem schuldigen Respekt oder du kommst nicht mehr. Ich weiß, es ist nicht leicht mit ihm — keiner weiß das besser als ich — aber...". Biff aber versteht den Vater nicht mehr. Er vergleicht ihn mit Charley, der sich und die Welt nüchtern und sachlich sieht, der seine eigenen Möglichkeiten richtig einschätzt und nützt, sich nicht „dauernd die Seele aus dem Leibe kotzt." Aber die Mutter belehrt ihn, daß man die Menschen, mit denen man umgehen muß, nehmen muß, wie sie sind. Etwas Schreckliches geht mit dem Vater vor. Vielleicht hat er sein Gleichgewicht verloren. Das hat aber sehr reale Gründe. Nachdem er sechsunddreißig Jahre für die Firma arbeitete, hat sie ihm das Gehalt gestrichen. Willy arbeitet seit Wochen nur auf Provision wie irgendein Anfänger. Er macht keine Geschäfte mehr. Die alten Freunde, bei denen er beliebt war und die ihm irgendwelche Aufträge zuschusterten, sind tot oder haben sich aus dem Geschäft zurückgezogen. Früher hat er sechs oder sieben Besuche täglich gemacht. Jetzt fährt er tausend Kilometer, und wenn er ankommt, kennt ihn niemand mehr, nirgendwo ist er willkommen. Aber die anderen sind nicht undankbarer als die eigenen Söhne wie Happy, der „ein läppischer Schürzenjäger ist." Biff entschließt sich auf die Vorstellungen der Mutter hin, in New York zu bleiben, vor allem als er erfährt, daß die Mutter berechtigte Gründe hat zu glauben, daß der Vater versuchte, sich umzubringen, als sie schließlich schluchzend berichtet, daß sie im Hause sichere Beweise dafür fand, daß Willy mit dem Gedanken spielt, Selbstmord durch Gasvergiftung zu begehen. „In fieberhafter Selbstanklage" verspricht Biff: „Jetzt bleibe ich hier, und ich schwöre dir, ich werd mir Mühe geben. Nur, siehst du, Mutter, ich passe nicht ins Geschäftsleben. Aber ich will's versuchen, ich will's versuchen, und ich werd es schon schaffen." Happy bestärkt ihn voller Optimismus in dieser Absicht. Biff will es bei Bill Oliver versuchen, bei dem er früher einmal beschäftigt war. Willy, der hinzukommt, erwärmt sich nach anfänglichem Widerstand auf Happys phantastische Pläne hin sofort wieder.

und gibt Biff praktische Ratschläge für die Besprechung mit Bill Oliver, die nur den Nachteil haben, daß sie Phantasie sind und keinen Rückhalt an den wirklichen Zuständen haben. Während alle schlafen gehen, verliert sich Willy in traumhafte Erinnerungen an Biffs Sporterfolge als Student, die ihm Verheißung für eine goldene Zukunft sind. Biff aber entdeckt hinter dem Heizkessel, dessen blauroten Flämmchen sinnbildhaft bedrohlich aufglühen, den Gasschlauch, den er entfernt. Entsetzt fühlt er, daß von ihm des Vaters Leben abhängt.

2. Akt:

Er spielt am nächsten Morgen. In heiterer Stimmung sitzen Linda und Willy beim Frühstück. Willy ist sicher, daß Biff jetzt wirklich zu einer gewissen Festigkeit gekommen ist. Er selbst will zu Howard gehen, um ihn um eine Beschäftigung in New York zu bitten. Wenn er zurückkommt, will er sich wieder um den Garten kümmern. Zwar dringen die Alltagssorgen auch in die optimistische Stimmung des hoffnungsfrohen Morgens, scheinen aber überwindlich. Bevor Willy geht, erinnert sich Linda daran, daß ihr die Söhne auftrugen, den Vater auf den Abend in Franks Weinstube zum-Essen einzuladen. Erfreut über die Söhne entfernt sich Willy. Sobald er fort ist, ruft Biff an. Beglückt teilt ihm Linda mit, daß Willy den Gasschlauch selbst entfernt hat. Sie weiß natürlich nicht, daß Biff es war. Obwohl Biff ihr sagt, daß er von Bill Oliver noch nicht empfangen wurde, redet sie ihm zu, den Mut nicht zu verlieren. Vor allem soll er am Abend nett zum Vater sein: „Sei recht liebevoll. Er ist wie ein Schiff im Sturm, das seinen Hafen sucht. Du rettest ihm das Leben." Während es um sie dunkel wird, rollt Howard einen Schreibmaschinentisch mit einem Diktaphon herein. Das Licht konzentriert sich auf ihn, als er sich mit dem Apparat beschäftigt und Willy hereinkommt.
Howard hält Willy zunächst hin. Wie um die gegenseitige familiäre Bindung zu betonen, führt er ihm umständlich die Stimmen seiner ganzen Familie auf dem Tongerät vor. Endlich kann Willy sein Anliegen vorbringen, stößt aber auf Unverständnis. Angeblich gibt es keinen Posten für ihn in New York trotz allen guten Willens Howards. Geduldig hört der junge Chef die alten Geschichten Willys an, aber er bleibt dabei: Geschäft ist Geschäft. Willy, der den Widerstand merkt, aber nicht an ihn glauben will, reduziert vergeblich seine an sich schon bescheidenen Lohnforde-

rungen. Die Erinnerungen an Versprechen seines Vaters lösen bei Howard eine gewisse Verlegenheit aus, stimmen ihn aber nicht um. Als Willy immer erregter wird, läßt Howard ihn allein mit der Mahnung, sich zu beruhigen. Willy hat erkannt, daß er bei Howard kein Entgegenkommen finden wird. In einer Art Verzweiflung verspricht er schließlich, wieder 'auf Reisen zu gehen. Nun erklärt ihm Howard hart, aber entschieden, daß er die Firma nicht mehr vertreten soll. Wohl vermeidet er, die Entlassung offen auszusprechen, redet sich auf Willys Erholungsbedürftigkeit aus und erinnert ihn daran, daß jetzt die erwachsenen Söhne für den Vater, der sich für sie aufopferte, sorgen müssen. Als Willy immer erregter noch immer nicht begreifen will, beendet Howard das Gespräch mit der Aufforderung, die Muster gelegentlich abzuliefern. Er endet mit der vagen Aufforderung: „Und sobald Sie wieder auf dem Damm sind, Willy, kommen Sie wieder, und dann werden wir weiter sehen. Nehmen Sie sich zusammen, draußen sind Leute."

Während Willy erneut in Erinnerungen an begrabene und doch lebendige Hoffnung der Vergangenheit versinkt, in denen Ben, die junge Linda, Biff als Student mit der Hoffnung, eine Sportkanone zu werden, Charley und sein Sohn Bernard, der einst Biff bewunderte, mitspielen, wechselt die Spielfläche in Charleys Büro, in dem der jetzt erwachsene Bernard, ein selbstsicherer junger Mann, sitzt. Die Requisiten lassen erkennen, daß er vor einer Reise steht. Auf dem Gang spricht Willy, der aus dem Fahrstuhl kommt, auffallend laut mit sich selbst. Die Sekretärin berichtet Bernard, daß sie mit ihm nicht fertig wird. Willy ist immer noch in einer Art Entrückung der Träume, hinter denen Verzweiflung und Enttäuschung stehen, wird aber ruhig und klar, als er Bernard sieht. Bernard erzählt ihm, daß er einen Fall in Washington übernommen hat, und obwohl es sich, wie Willy erst später, wie beiläufig von Charley erfährt, um einen Fall vor dem Obersten Gerichtshof handelt, bewundert er Bernard neidlos. Ruhig erzählt dieser weiter, daß er bei einem Freunde wohnen wird, der einen eigenen Tennisplatz hat. Zwar beginnt Willy daraufhin, mit erfundenen Geschichten über Biff zu renommieren. Aber er kann auf die Dauer dem Sohne des Freundes und Jugendfreund Biffs, dessen Erfolge ihm so recht das Versagen seiner Söhne vor Augen führen, seine innere Bewegung nicht verbergen. Er zermartert sich den Kopf darüber, ob er nicht irgendwie mitschuldig ist am Versagen Biffs. Behutsam erinnert Bernard daran, daß Biff, als er in der Vorprüfung durchgefallen war, dem Vater nach Neu-Eng-

land nachreiste, um bei ihm Hilfe zu suchen. Zum erstenmal erfährt Willy, daß Biff völlig verändert zurückkam. Bernard, der so große Stücke auf den Freund hielt, konnte sein seltsames Verhalten nicht verstehen und versuchte, ihn wieder zur Vernunft zu bringen. Seitdem beschäftigt Bernard die Frage, was damals in Boston passiert sein mag. Über seine vorsichtige Frage gerät Willy in eine unbegreifliche Erregung. Charley kommt dazu und mahnt Bernard daran, daß es Zeit für den Zug ist. Ohne zu fragen, zählt er dem Freund fünfzig Dollar vor, die er ihm „borgen" will. Willy windet sich, aber er muß dem Freund gestehen, daß er mehr Geld braucht und entlassen worden ist. Charley geht auf seine Wünsche ein, bietet ihm aber auch, weil die Dinge nicht einfach so weiter gehen können, eine Beschäftigung an: „Ich weiß, du kannst mich nicht leiden, und niemand kann behaupten, daß ich dich übermäßig gern habe, aber ich geb dir Arbeit, weil — weiß der Kuckuck, warum, ist ja auch egal." Aber wieder lehnt Willy ab. Dennoch gibt Charley ihm mehr Geld, damit er seine Versicherung bezahlen kann. Willy sinnt unverständlicher Weise nach: „Komisch, nicht? Nach all den Jahren auf der Landstraße und in den Eisenbahnzügen, nach so viel Abschlüssen und Geschäften endet man damit, daß man tot mehr wert ist als lebendig."
Als die beiden abgegangen sind, bleibt die Bühne einen Augenblick vollständig dunkel. Dann leuchtet hinter einem Vorhang ein Lichtschein auf, die Weinstube wird improvisiert, in die zuerst Happy kommt. Er erzählt Stanley, daß die Wiederbegegnung mit dem Bruder, der im Westen ein großer Viehzüchter ist und heute einen großen Abschluß tätigt, gefeiert werden soll. Ein „aufgedonnertes Mädchen" kommt in das Lokal, das Happy anscheinend schon von weitem wittert. Zunächst schwindelt er dem Mädchen vor, Reisender für Champagner zu sein und lädt es ein. Das Mädchen nimmt die Einladung ohne Ziererei an und behauptet, Fotomodell zu sein. Als Biff kommt, stellt Happy, der sich selbst als Absolvent der Militärakademie ausgibt, ihn als großen Fußballstar, als Mittelstürmer der New Yorker Giants vor. Er schlägt vor, daß das Mädchen zur Ergänzung der Gesellschaft für einen fröhlichen Abend telefonisch eine Freundin herbeiruft. Das Mädchen geht darauf ein. Während es telefoniert, berichtet Biff, daß er von Bill Oliver überhaupt nicht empfangen wurde, aber zufällig in sein Büro geriet und der Versuchung nicht widerstehen konnte, seinen Füllfederhalter vom Schreibtisch zu stehlen. Nun weiß er nicht, was er dem Vater sagen soll. Happy rät ihm, Ausreden zu gebrauchen, aber auf keinen Fall den Vater mit der

Wahrheit zu enttäuschen: „Papa ist doch nur glücklich, wenn er in der Hoffnung lebt." Willy kommt und wird zum Umtrunk aufgefordert. Er ist aber begierig zu erfahren, was Biff erlebte. Biff ringt mit sich selbst. Er will die Wahrheit und wagt doch nicht, sie offen auszusprechen. Die Lage verschlimmert sich für ihn, als der Vater unumwunden erklärt, daß er entlassen worden ist und eine gute Nachricht für die Mutter braucht, die „ihr Leben lang gewartet und gelitten hat". Ihm fällt nichts ein. Seine Hoffnung bleibt Biff. Mühsam und mit Happys Hilfe gibt Biff ihm eine erdichtete Geschichte von der Besprechung mit Bill Oliver. Willy spürt hinter allem die Wahrheit, versinkt aber dann erneut in eine traumhafte Entrückung, die vergangene Erlebnisse wirr mit bruchstückhaft erfaßtem Geschehen der Gegenwart zusammenfaßt. Als Willy begriffen hat, daß Biff den Füllfederhalter stahl, verliert er sich völlig in die Erinnerung an Ereignisse, die nach seiner Meinung die Ursache dafür waren, daß Biff sich gegen ihn auflehnte und zu stehlen begann, um seinem eigenen Fortkommen im Wege zu stehen. Mühsam versucht Willy, die erdichtete Geschichte, mit der ihn die Söhne aus der Verrückung holen wollen, zu erfassen, sie zu glauben, aber er begreift nur, daß der Sohn trotzig erklärt, daß er keine Verabredung mit Bill Oliver hat. Willy schlägt Biff und geht schwankend vom Tisch fort. Unterdessen kommen die beiden Mädchen. Für Willy aber wird die Erinnerung an jenes Erlebnis mit Biff übermächtig, das ihm einst das Vertrauen des Sohnes raubte. Als Biff im Vorexamen durchgefallen war, eilte er hilfesuchend zum Vater nach Boston. Er traf ihn im Hotel mit einer fremden Frau, die er nicht vor dem Sohn zu verbergen vermochte. Während der Traumhandlung läuft die reale Handlung weiter. Die Mädchen sind über das ungewöhnliche Verhalten des Vaters befremdet. Biff versucht, ihn zu verteidigen. Er gerät in Streit mit Happy, der ihm vorwirft, immer weggelaufen zu sein, worauf Biff den Gasschlauch aus der Küche hervorzieht und Happy auf die Gefahr der Stunde hinweist. Aber dann flieht Biff erneut, er kann dem Vater nicht ins Gesicht sehen. Happy folgt ihm mit den Mädchen. Willy aber erlebt in realistisch gespielter Erinnerung jene Stunde mit der fremden Frau, die ihm so manchen Weg auf seinen Geschäftsreisen ebnete, der er die seiner Frau zugedachten Seidenstrümpfe schenkte. In diese Stunde brach der hilfesuchende Biff herein.

Als Willy wieder zu sich kommt, sind die Söhne mit den Weibern losgezogen. Stanley hilft ihm auf. Er ist so ergriffen, daß er den Geldschein, den ihm Willy zusteckte, wieder heimlich in dessen

Jackentasche steckt. Willy geht mit der Andeutung, daß er noch
Samen für den Garten besorgen muß. Eine lange Pause tritt ein,
nach der die Küche erhellt und damit zur Spielfläche wird. Biff
und Happy kommen. Happy trägt einen Strauß langstieliger Rosen. Sie glauben sich allein und entdecken erst verspätet im Wohnzimmer die Mutter, die mit Willys Mantel auf dem Schoß sitzt und
jetzt ruhig, aber unheildrohend auf Happy zugeht und ihm, der
unbefangen nach dem Vater zu fragen versucht, die Rosen aus der
Hand schlägt. Die Mutter aber wendet sich nun an Biff, der sich
heftig gegen Happys Aufforderung, ins Schlafzimmer zu kommen,
wehrt, mit der Frage: „Ist es dir gleichgültig, ob er lebt oder
stirbt?" Die Ausreden Happys, der Vater habe sich gut unterhalten,
weist sie ab. Sie fordert von beiden, die den Vater einfach im
Restaurant sitzen ließen, daß sie ein für allemal das Haus verlassen. Happy macht noch Einwendungen, aber Biff ist fest zur
Wahrheit entschlossen. Nun will er auch mit dem Vater, den man
im Garten hämmern hört, offen reden. Linda versucht daraufhin
betroffen, es ihm auszureden. Biff aber geht in den Garten zum
Vater.
Willy legt in der Nacht den Samen. Ihn beschäftigt sein „letztes
Geschäft", das garantiert zwanzigtausend Dollars bringt. Er ruft
nach Ben, der seiner Phantasie erscheint und mit ihm ganz sachlich das Für und Wider des „Geschäftes" erläutert. Endlich wird
Biff, der ihn für eine Null hielt, erkennen, wie beliebt er ist. Biff,
der hinzutritt, unterbricht seinen Wachtraum. Er will ihm auf
Wiedersehen sagen. Endlich ist er mit sich ins reine gekommen,
nur die Wahrheit soll noch gelten. Willy aber läßt ihn stehen und
geht in die Küche. Er ist wie erstarrt. Biff folgt ihm und erklärt
der Mutter, daß er endgültig fortgehen will. Niemand soll wissen,
wo er weilt. Als er zu Willy tritt und ihn um die Hand zum Abschied bittet, will dieser sich in die Phantasien vom erfolgreichen
Besuch Biffs bei Bill Oliver retten. Aber Biff bleibt bei der Wahrheit. Der Vater indessen verharrt dabei: „Ich will, daß du dir
immer und überall klar bist — in den Bergen und Tälern, wo du
auch immer sein magst, daß du dein Leben aus Trotz verpfuscht
hast." Er selbst weist jede Verantwortung von sich. Als er weitere
Andeutungen über zweifelhafte Vorhaben Biffs macht, wirft ihm
der Sohn zornig den Gasschlauch auf den Tisch: „Also gut, du alter
Komödiant! Nennen wir die Dinge beim Namen." Willy versucht,
in Ausreden auszuweichen, aber der Sohn erklärt ihm, daß er
kein Mitleid verdient. Nun will er sagen, wer der Vater ist und
wer er selbst ist. Als Happy sich begütigend einzumischen ver-

sucht, weist ihn der Bruder ab als den Angeber, der immer „den Kopf voller Rosinen" hat. Immer hat der Vater falsche Hoffnungen auf ihn gesetzt. Wenn die Eltern drei Monate lang seine Adresse nicht wußten, so lag es daran, daß er wegen Diebstahls in Kansas im Gefängnis saß. Immer hat er sich durch Dieberein um jede Chance gebracht. Zuletzt stahl er den Füllfederhalter vom Büro Bill Olivers, weil er sich in dem Büro nicht zum Narren machen wollte. Er ist nur Dutzendware, der Vater ist es aber auch. Er ist ein Nichts. Das hat nichts mit Trotz zu tun. Er möchte endlich nur sein, was er ist, das ist alles. Weinend bricht Biff vor dem Vater, an den er sich klammert, zusammen. In zunächst sprachlosem Erstaunen nimmt Willy die Erkenntnis auf, daß sein Sohn ihn liebt. Aber er endet wieder in der Phantasie, die er hinausschreit: „Aus dem Jungen — aus dem Jungen wird was ganz Großes." Ben, der seinem inneren Auge wiedererscheint, ergänzt aber: „Jawohl, etwas ganz Großes, mit zwanzigtausend hinter sich." Willy erfaßt kaum noch die liebevolle Aufforderung Lindas, nun, da alles beigelegt sei, schlafen zu gehen. Auch Happy scheint befreit. Er küßt die Mutter und verspricht, daß alles anders werden soll. Willy aber bleibt im imaginären Gespräch mit Ben, der ihn in seinem Vorhaben bestärkt. Schließlich ist er ganz allein. Erschreckt sieht er sich von Gesichtern und Stimmen umringt, gegen die er sich verzweifelt zu wehren versucht. Er stürmt um das Haus. Während Linda in großer Angst nach ihm ruft, hört man den Motor anspringen und ein Auto in voller Fahrt davonbrausen.

Requiem:

Am Grabe Willys weilen Linda, die beiden Söhne, Charley und Bernard. Happy, der unverbesserliche Illusionist, der Willy so sehr gleicht, ist noch zornig auf den Vater: „Er hatte kein Recht, das zu tun. Wir hätten ihm schon geholfen." Linda aber versteht nicht, warum niemand von all seinen Bekannten zum Begräbnis kam. Sie glaubt, daß sie ihn wegen seiner Tat verurteilen. Charley antwortet sehr bestimmt: „Das Leben ist hart. Niemand verurteilt ihn." Willys Beliebtheit war seine Illusion. Nicht einmal mehr zur Verurteilung reicht die Teilnahme der Bekannten. Gleichgültigkeit und Vergessen folgt dem Toten. Linda erfaßt aber auch nicht, warum es jetzt geschehen mußte, da sie zum erstenmal seit fünfunddreißig Jahren schuldenfrei sind. Sehr taktvoll, aber bestimmt sagt Charley die Wahrheit: „Mit einem kleinen Gehalt ist es nicht

getan." Erst der tote Willy war so viel wert, daß seine Schulden beglichen werden konnten, erst die Lebensversicherung ermöglichte die Freiheit. Biff erinnert an den Willy der häuslichen Sphäre, der so geschickt und wendig war, der mit seiner Phantasie aus wenig viel zu machen verstand. Lindas Worte: „Er war so wunderbar geschickt", ergänzt Biff indessen: „Nur seine Träume waren falsch. Die waren alle falsch... Er hat nie gewußt, wer er war." Als Happy darüber aufbrausen will, hält ihn Charley zurück und erklärt Willys Wesen und Träume aus seinen Lebensbedingungen, aus seiner Stellung in der Umwelt, in der menschlichen Gesellschaft. Happy aber gibt nicht nach. Er ist entschlossen zu beweisen, daß der Vater nicht vergeblich gestorben ist: „Er hat einen guten Traum geträumt. Den einzigen Traum, den es gibt — es zu etwas zu bringen. Hier hat er den Kampf gekämpft, und hier werde ich ihn für ihn gewinnen."
Biff wirft ihm nur einen hoffnungslosen Blick zu. Er möchte die Mutter, die fassungslos nicht zu weinen vermag, nach Hause bringen. Über Linda aber kommt allmählich das schreckliche Verstehen. Ihr ist, als sei Willy wieder auf der Reise. Sie aber ist frei: „Heute habe ich die letzte Abzahlung für das Haus geleistet. Heute, Willy. Und nun ist keiner mehr da." Über diesem Begreifen steigt ein Schluchzen in ihrer Kehle auf. Sie kann endlich weinen. So läßt sie sich von Biff, der vor ihr die Wahrheit erkannte, nach Hause führen. Charley und Bernard folgen, als letzter schließt sich Happy an, um wieder in die Welt zurückzukehren, an der Willy zerbrach.

Das irreale Geschehen

Das reale Bühnengeschehen ist nicht nur begleitet, sondern ständig durchdrungen von den Gestalten und Ereignissen aus der Phantasie, genauer aus den Erinnerungen Willys. Die auftretenden Personen werden auch in ihrer Jugend gezeigt, wenn sie die Gegenwart auf die Vergangenheit durchsichtig machen sollen, um die Augenblickssituation zu begründen, um die Hemmnisse aufzudecken, die Willy Lomans verzweifelte gegenwärtige Lage verursachen. Der Unterschied zwischen dem Heute und Gestern ist in diesem traumhaften Geschehen aufgehoben. Alle diese bei Aufhebung auch der räumlichen Grenzen der Szene gespielten Szenen sind aber mehr als nur eingestreute Motivationen, obwohl sie die

Beziehung zur Realität immer behalten, nie etwas absolut Unwirkliches darstellen. Sie sind auch, soweit sie Ereignisse werden, auf Willy und seine Träume bezogen. Was auf der Bühne erscheint, ist wirklich geschehen, wenn auch zu verschiedenen Zeiten, in diesem Sinne wird der Bereich der Wirklichkeit nicht durchbrochen. Aufgedeckt werden die „falschen Träume" Willys, der sich anders sieht, als er in Wirklichkeit ist, der aber auch die Macht über Menschen hat, sie an diesen anderen Willy Loman glauben zu machen, was ihm allerdings bei verschiedenen Menschen anders, bei seiner Frau und zeitweilig bei seinen Söhnen ganz, bei vielen Kunden zeitweilig, bei Charley und Bernard nie gelingt. So stößt sich Willys innere Wirklichkeit hart an der äußeren.

Die irrealen Szenen bilden eine Einheit mit den realen, vom gesamten Werk her gesehen sind sie nicht irreal. Auch in ihnen gibt es die Sorgen, die blieben, in ihnen wird von Provisionen und Abzahlungen gesprochen, sie sind der Alltag von jetzt, der immer auch der von früher ist. Verändert hat sich nur das Verhältnis Willys zur Umwelt, das damals noch ungetrübt war. Seine Frau ist jung und erwartungsfroh, die Söhne lieben den Vater, folgen ihm aus menschlicher Verehrung aufs Wort und sehen in ihm ihr Vorbild. Die Familienbande sind im Glauben an den Familienvater noch fest. Willy aber lebt damals wie jetzt in der Illusion, beliebt zu sein. Er findet immer wieder neue Gründe dafür. Das ist der Sinn der ersten Szene mit der Frau, die in das Gespräch mit Linda eingeblendet wird. Mit ihr unterhielt Willy ein im Grunde unverbindliches Liebesverhältnis in Boston. Sie ist Sekretärin in einer Firma, mit der er in Geschäftsverbindung steht, hilft ihm bei den Geschäften und unterhält sich gern und gut mit ihm: „Bei dir kann man lachen. Das tut einem richtig wohl. Du bist ein richtiger Schatz!" Sie wirkt äußerlich nicht ordinär, aber sie ist es. So ist das Verhältnis nichts Ernstes, sie wollte es wohl auch nicht so, es ist für sie nur eines unter anderen. Aber die Dichtung stellt die Verbindung dieses Abenteuers zu Linda, die sich für Mann und Kinder aufopfert, dar. Sie sitzt in der Küche und stopft Seidenstrümpfe. Man kann sie nicht einfach wegwerfen, sie sind zu teuer. Er aber schenkte jener Frau, die ihm nichts mehr als ein vorübergehendes Vergnügen zur Bestätigung seines eigenen Selbstbewußtseins, seiner Illusion, beliebt zu sein, war, solche Strümpfe, die er eigentlich seiner Frau gekauft hatte. Wollen und Können treffen bei Willy nicht zusammen, weder im Alltag noch in den großen Lebensentscheidungen. Alle solche Traumszenen stehen in Verbindung mit der Wirklichkeit. Darum können sie auch nicht als surrealistisch bezeichnet werden, sie sind nur die Darstellung der inneren Wirklichkeit Willys, seiner Träume und Wünsche, seiner Illusionen und Selbsttäuschungen, die dennoch auf das reale Geschehen bezogen sind und nur aus ihm sinnvoll werden. Nichts geschieht, was über die Wirklichkeit hinauswiese.

Das ist am deutlichsten an der Gestalt des verstorbenen Bruders Ben. Es ist völlig belanglos, wie weit sie der Erscheinung des tatsächlichen Ben entspricht. Wie alles Geschehen und alle Gestalten auf Willy relativiert sind, so ist es auch Ben. Er ist ein zweiter Willy, der Mann, der Willy nach dem Bild, das er sich von sich selbst erträumt, sein will. An ihm erfüllt sich der Traum vom großen Erfolg, auch Ben renommiert damit: „Als ich siebzehn war, bin ich in den Dschungel gegangen, und als ich einundzwanzig war, kam ich wieder raus. Und so wahr ich hier stehe, ich war ein reicher Mann." Diese Beteuerung „so wahr ich hier stehe" entlarvt ihn als Hirngespinst, denn er ist nur der Traum Willys. Je mehr die Handlung fortschreitet, umso mehr identifiziert sich Willy mit Ben. Der Bruder ist der Sieger in jeder Lage, kalt, berechnend, rücksichtslos, aber eben deshalb erfolgreich. Das zeigt der Boxkampf mit dem jungen Biff, den Ben mit einem Trick beendet und an den er mit scheinbar gutmütiger Überlegenheit den Rat anschließt: „Kämpfe niemals fair mit einem Fremden, mein Junge. Sonst kommst du niemals aus dem Dschungel heraus." Hier ist Ben der illusionäre Held des Abenteuerfilms. An ihm ist nichts Individuelles, in jeder Lage ist er typisch für eine falsche Vorstellung Willys, für einen seiner falschen Träume. Immer aber ist Ben eilig, nie kann Willy den erträumten Bruder festhalten, der ihm die Illusion erhält, alles richtig zu machen, auch wenn er zum Erschrecken des immer korrekten Charley die Söhne zu abenteuerlichen kleinen Diebereien von Sand oder Bauholz vom fremden Neubau anleitet. Willy braucht jetzt diese Ergänzung seines angeschlagenen Selbst, weil er alt und unsicher geworden ist, weil er über alle Fehlschläge seines Lebens nicht mehr allein hinwegkommen kann. Dennoch versucht er den Bruder zu beschwindeln: „Kannst du nicht ein paar Tage bleiben? Du bist genau das, was ich brauche, Ben. Ich — ich hab 'ne gute Position hier, aber ich — na ja, als Vater fortging, war ich noch so klein und hab nie mit ihm reden können, und ich komm mir immer noch so unfertig vor."

Als Willy nicht mehr umhin kann, die Wahrheit anzunehmen, wird Ben für ihn die letzte, aber auch verhängnisvolle Stütze.

Howard hat Willy entlassen. Da tritt der erträumte Ben vor ihn und macht ihm den konkreten Vorschlag, der Willys lebenslangen Traum von einem Leben in freier Natur verwirklichen kann: „Ich habe in Alaska Wälder gekauft, und ich brauche dort einen Mann, der dort nach dem Rechten sieht." Linda spielt in diesem Traum, der aus nackter Existenzangst geboren ist, mit. Sie hat Angst vor Ben und will, daß Willy ihn abweist. Aber Ben ist unbestechlich, er ist der Willy, der bei aller Illusion die Wahrheit kennt. Als Willy eben in dieser Szene sich in maßlosen Phantasievorstellungen ergeht, bleibt Ben einsilbig, er geht nicht mehr auf den Bruder ein. Er verläßt ihn und erscheint erst wieder, als Willy sein „letztes Geschäft" erwägt, wieder in der Illusion, wenigstens im Sterben zu zeigen, wie beliebt er ist und wie erfolgreich er sein kann. Gegen die Phantasien Willys setzt Ben sachliche, nüchterne Bedenken. Er ist der Mann des Wagnisses in Willys Traumvorstellungen. Willy weiß aber auch, daß der Erfolg kalte Berechnung erfordert, und diese weist Ben auf. Je mehr die Entscheidung naht, umso bedächtiger wägt er die Chancen des Gelingens ab: „Ein bemerkenswertes Geschäft, aber du mußt dich vergewissern, daß das Ganze keine Dummheit ist." Damit verschwindet er endgültig, Willy bleibt allein. Vergeblich ruft er in den letzten Minuten nach ihm. Als Antwort hört und sieht er nur schreckhafte Geräusche und Gesichter, die ihn ängstigen und hetzen.

Der Schluß der Handlung ist Pantomime. Die Beerdigung Willys wird nicht gezeigt, die Enttäuschung, die sie für Linda bedeutet, ist nur in Reflexion im „Requiem" gegeben. Die einsame Cellomelodie, die dem Wirbel der Katastrophe folgt und in den Tag überleitet, geht in einen Trauermarsch über. In der Küche treffen sich Linda und die Söhne, zu denen Charley und Bernard kommen. Keiner spricht ein Wort. Wie über dem Anfang des Stückes liegt auch über dem Ende eine traumhafte Atmosphäre. Alle sind in Trauerkleidung, feierlicher Ernst liegt über der kleinen Versammlung. Dann gehen alle durch die markierten Wände der Küche auf die Vorbühne zu Willys Grab. Die Grenze zwischen Realem und Irrealem ist aufgehoben. Das kurze Requiem ist wie ein Kommentar zu dem Geschehen, das diesesmal ohne Willy dort endet, wo es vor wenig mehr als einem Tag begann. Ein Mensch ist nach ruhelosem Leben weggegangen, auf die Reise ins Unbekannte. Aber nichts hat sich verändert, das Leben geht dort weiter, wo er den Kampf nicht mehr länger durchhalten konnte.

SOZIAL- UND ZEITKRITIK IN
„DER TOD DES HANDLUNGSREISENDEN"

Millers „Der Tod des Handlungsreisenden" ist das Stück vom Versagen eines gutherzigen Menschen, der sich in der Wirklichkeit nicht zurechtfindet. Willy Loman sind seine Träume, seine der Lebenswirklichkeit nicht entsprechenden Wünsche wichtiger als der Alltag, in dem er dennoch seine Kräfte aufreibt, bis er mit etwa 60 Jahren verbraucht und im Sinne seiner Umwelt kein nützliches Glied der menschlichen Gesellschaft mehr ist.

Willys Unzulänglichkeit aber begründet sich darin, daß er sich selbst nicht kennt, sich ein falsches Bild von sich selbst macht. Sein Temperament, sein Einfallsreichtum und seine sprudelnde Laune führen dazu, daß er beliebt ist, daß seine fachliche Unzulänglichkeit oft übersehen wird und er manche Hilfe findet bei Leuten, die ihn als unterhaltsam schätzen. Der Umgang mit ihm ist für viele amüsant und anregend, es gibt viel zu lachen. Nirgendwo wird allerdings auch nur erwähnt, daß außer den Beziehungen zwischen ihm und seinen Angehörigen, die von der Liebe bestimmt sind, irgendeine menschliche Bindung fest und dauernd wäre. Charley ist immer bereit, Willy in Geldverlegenheit auszuhelfen, er tut es uneigennützig, gegen seine geschäftlichen Prinzipien. Aber er erklärte ausdrücklich, daß niemand behaupten könne, daß er ihn besonders gern habe, daß Willy sein Leben lang auf ihn neidisch war und sich nicht bekehren will oder kann. Bei ihm und seinem Sohn Bernard, der den vitalen Willy einst bewunderte, ist etwas wie dankbare oder gewohnheitsmäßige Anhänglichkeit geblieben, die den Menschen Willy auch in voller Erkenntnis seiner Fehler schätzt.

Willy aber verfällt dem Irrtum, daß Beliebtheit schon Erfolg sei: „Be liked and you will never want." So wird das Stück zur Tragödie eines mißverstandenen Lebens, in die auch die vom Vater stets überschätzten Söhne mit einbezogen werden, weil sie entweder zu viel vom Wesen des Vaters haben wie Happy oder zu spät sein wahres Wesen und seinen wahren Wert erkennen wie Biff. Willy kompensiert seine Minderwertigkeitskomplexe durch ein übertriebenes, wenn man will, krankhaftes Geltungsbewußtsein. Er wiegt sich so lange in Illusionen und in die erdichtete Rolle des beliebten und erfolgreichen Geschäftsmannes ein, bis er von ihnen überzeugt ist, sie für Wahrheit nimmt. Das macht ihn zum unwillkürlichen Tyrannen in seiner Familie, unwillkürlich, weil er das Gegenteil von dem tut, was er glaubt und will. Er schätzt seine Söhne falsch ein und zwingt sie dadurch auf falsche Wege, auf denen ihnen Mißerfolg und Enttäuschung begegnen müssen. Willys Optimismus ist an sich nicht schlecht, nur Selbstvertrauen und Zuversicht führen den Menschen nach oben. Bei Willy Loman aber stehen diese Eigenschaften, die in richtiger Anwendung wertvolle und nützliche Tugenden sein können, in schroffem Gegensatz zu den Realitäten, sie konstruieren eine neue Wirklichkeit, die es nicht gibt. Der Mann Willy Loman ist richtig, aber alle seine Träume, seine Wertvorstellungen und seine Ideen vom Funktionalismus der menschlichen Gesellschaft sind falsch. Willys Einschätzungen gesellschaftlicher Werte stimmen nicht, darum können auch die daran geknüpften Erwartungen für das Leben nicht zutreffen.

Mit keinem Wort klingt im Stück ein gesellschaftspolitisches Programm an. Auch Biff, der die falschen Wertvorstellungen des Vaters, seine falschen Träume, erkennt, zieht daraus keine politische Folgerung. Wenn Miller in den dreißiger Jahren, in seinen dichterischen Anfängen, in gewisser, wenn auch lockerer Verbindung mit links gerichteten Dramatikern stand, so ist in „Der Tod des Handlungsreisenden" nichts davon zu spüren. Der Selbstmord Willy Lomans ist eine Tat real begründeter Verzweiflung, materieller Bedrängtheit. Aber er ergibt sich weder aus klassenkämpferischer Reaktion auf eine ungerechte Weltordnung noch aus dem Gefühl des Unterdrücktseins durch eine zu Unrecht herrschende kapitalistische Klasse. Die letzte Ursache dieses Endes ist die Verblendung, die Verranntheit Willys in falsche Träume, aus denen er sich nicht zu lösen vermag. Willy kann schon deshalb nicht als Protest gegen den Kapitalismus und sein Herrschaftssystem gedeutet werden, weil sein höchstes Streben ist, Mitglied dieser kapitalistischen Schicht zu werden. So begeht er auch den Selbstmord in dem Wahn, wegen seiner Lebensversicherung wenigstens im Tode als erfolgreicher Geschäftsmann zu gelten, das große Geschäft seines Lebens zu machen und gleichzeitig dem Sohn, dessen Fähigkeiten er maßlos überschätzt, seine Dankbarkeit für seine Liebe zu beweisen und ihn zum erfolgversprechenden Handeln aufzurütteln. „Stell dir vor! Wenn der Scheck kommt, dann ist er Bernard wieder über!" sagt Willy zu Ben, seinem erträumten Ich, „ich hab's doch immer gewußt, daß wir's irgendwie

schaffen. Biff und ich." Das gerade ist sein falscher Traum. Es gibt kein Mittel, aus Biff etwas anderes zu machen, als er ist. Er ist und bleibt ein Dutzendmensch, mit dem keine Lorbeeren zu ernten sind.
Das alles könnte den Eindruck erwecken, daß es Miller auf einen psychiatrischen Fall ankäme. Man wird sich vor diesem Gedanken hüten müssen. Willy ist nicht krank, auch wenn er, wie Biff ausspricht, nicht die „Erfolgskanone" ist, für die er sich ausgibt. Er ist Dutzendware wie Biff selber, er gehört zu denen, „die sich ihr Leben lang abrackern und die dann im Müllkasten landen". Willy ist als Mensch nicht falsch, er deutet nur die gesellschaftlichen Verhältnisse falsch, er will sie nach seinen individuellen Vorstellungen und Wertauffassungen geordnet sehen und gerät damit in Widerspruch zur Unpersönlichkeit und Sachlichkeit des modernen Geschäftslebens. So muß man die Deutung gelten lassen, daß den zentralen Gestalten Willy und Biff die Kontrastgestalten Charley und Bernard trotz ihres Erfolges in der Arbeitswelt und Gesellschaft unterlegen sind. Sie empfinden es selbst, wenn sie Willys handwerkliche Geschicklichkeit, seine Freude an körperlicher Arbeit und seine enge Bindung an die Natur, die auch sinnbildlich im Bühnenbild durch die grünen Blätter, die vorübergehend die großstädtische Fassade verhüllen, angedeutet wird, bewundern. Charley und Bernard sind auch gefühlsärmer, unfähiger zu echter Liebe als Willy. Als Grund für den schnellen Erfolg des Sohnes führt Charley an, daß er ihn gewähren ließ, zu nichts Anteil nahm und ihm selbst überließ, seinen Weg zu suchen und zu gehen. Charley hatte nie den Wunsch, für seinen Sohn das bewunderte Vorbild zu sein, sich selbst in ihm und seinem Erfolg bestätigt zu sehen. Charley hat sich gegen die Enttäuschungen abgesichert, wie sie Willy Lomans Verhältnis zu seinen Söhnen kennzeichnen. (Paul Goetsch: A. Millers Zeitkritik in „Death of a Salesman", die Neueren Sprachen, 66, 3, 1967, S. 109). Damit bringt er sich aber auch um die Erfahrung, die Willy vor seinem Tode noch zur Genugtuung wird. Biff hat die Illusionen des Vaters durchschaut, er weiß, daß er nicht derjenige ist, für den er sich hält. Er haßt ihn, seitdem er ihn, den er als Vorbild der Sitte verehrte, als Ehebrecher kennenlernte, und er glaubt, sich an ihm rächen zu müssen. In der letzten und entscheidenden Auseinandersetzung aber bricht Biff zusammen, die alte Liebe zum Vater wird wieder übermächtig, der Sohn identifiziert sich gefühlsmäßig mit ihm und seinem Schicksal. Der Mensch Willy Loman ist stark und richtig, falsch ist sein Verhältnis zur modernen Arbeitswelt, die

Charley und Bernard erfolgreich als nun einmal gegeben und unabänderlich hinnahmen. Die Bereitschaft zur Anpassung und zum Kompromiß, Fleiß und Verzicht auf Individualität sind Voraussetzungen für den Erfolg. Das Menschliche hat keinen Platz mehr in dieser Arbeitswelt, obwohl es keineswegs vergessen ist. Am Grabe Willys findet Charley schöne und ergreifende Worte über den toten Freund. „Nobody dast blame that man", sagt er, woraus in der Übersetzung weniger präzise und phrasenhafter „Niemand soll einen Stein auf diesen Mann werfen" wurde. Er war ein Handlungsreisender und lebte seinem Beruf entsprechend in der Welt der Phantasie. Den Verlust seiner Träume konnte er nicht verwinden. Das klingt sehr schön und überzeugend, aber Charley muß wissen, daß seine Worte nicht wahr sind, oft genug hat er früher dem Freund vorgeworfen, daß er kein Handlungsreisender ist, weil er die Regeln des Geschäftslebens nicht anerkennt. So sind seine Worte nichts als pastoraler Trost für die Witwe, die ihn gern hört und glaubt. Sie sind eine der üblichen Grabreden, in denen Phrasen gedroschen werden, mit denen man die Gefühle der Leidtragenden schont. Mit der Wahrheit nimmt es der Grabredner nicht genau.

Dennoch wird man Millers Werk nicht gerecht, wenn man es nur als die Tragödie eines irrenden Menschen nimmt. Miller zieht aus dem Versagen und dem Selbstmord Willys keine politische Konsequenz in Richtung auf eine bestimmte Ideologie. Er glaubt nicht an eine radikale politische Umgestaltung und Erneuerung der Gesellschaft, an ein durch gesellschaftspolitische Veränderungen herbeizuführendes Paradies auf Erden. Auch die Szene mit Howard richtet sich nicht gegen die Rücksichtslosigkeit des Kapitalisten, der seine Macht dazu mißbraucht, den nicht mehr leistungsfähigen Angestellten auf die Straße zu setzen. Es gibt keinen Klassenkonflikt. Howard hat durchaus Sympathie für den alten Angestellten seiner Firma. Er betont die enge Verbindung zwischen ihm und seiner Familie dadurch, daß er ihm stolz und umständlich die Stimmen seiner Frau und seiner Kinder auf dem Tonbandgerät vorführt. Die Erinnerungen an Versprechen aber, die sein Vater machte, sind ihm zwar peinlich, können ihn jedoch nicht beeinflussen. Die Zeit seines Vaters, dessen Verhältnis zu seinen Angestellten noch patriarchalisch geprägt, also vom Fürsorgedenken und der Verantwortlichkeit des Vaters bestimmt und am Bilde der Familie orientiert war, ist zu Ende. Für Howard gilt nur das Leistungsprinzip: „Geschäft ist Geschäft." Die Versprechen seines Vaters sind für ihn nicht verbindlich, Sachlichkeit ist das

herrschende Prinzip. Gewiß ist dieses Prinzip unmenschlich, aber es ist das übliche und wird als solches auch von Willy angenommen. Im übrigen ist für Willy mit der Entlassung als Handlungsreisender noch keineswegs alles verloren. Es besteht kein vernünftiger Grund dafür, anzunehmen, daß Howard sich nicht für ihn einsetzen wird, wenn er erst wieder einen gewissen Grad von Leistungsfähigkeit nachweisen kann, daß er nicht den guten Willen, von dem er spricht, hat. Außerdem bietet ihm Charley einen Job an, den er ausfüllen kann und der ihm die dringenden Existenzsorgen fernhält. Willy Lomans Selbstmord fällt zwar in eine wirtschaftlich bedrängte, aber noch lange nicht hoffnungslose Zeit für ihn. Er stirbt nicht als Opfer einer unbarmherzigen ungerechten Gesellschaftsordnung, sondern weil er den Widerspruch zwischen seinen erträumten Vorstellungen von der menschlichen Gesellschaft und der Realität nicht mehr erträgt, an ihm zerbricht.
Es ist überliefert, daß Miller das Stück ursprünglich „The Inside of His Head" nennen und schon im Bühnenbild die Unzulänglichkeit von Willys Lebensdeutung an den in ihr selbst liegenden Widersprüchen gestalten wollte. Aber er erkannte die Gefahr einer solchen Abstraktion, die geeignet war, das Publikum zu belustigen, statt zu ergreifen. So stellte er das Geschehen entscheidend in die Realität, die geeignetere Maßstäbe zur Entlarvung der falschen Träume Willy Lomans lieferte. Nur auf diesem Wege aber konnte er auch die zeitkritische Tendenz des Werkes sichtbar machen.
Die Zeitkritik richtet sich gegen die Anschauung, die man als den typischen „American way of life" zu bezeichnen pflegt. Es handelt sich um Lebensformen und Vorstellungen, die auch auf die übrigen Völker übergegriffen haben und mit denen sich auch die Europäer jeder Nation und politischen Richtung auseinanderzusetzen haben. Goetsch führt aus: (S. 112): „Millers Zeitkritik hat mithin zwei Ziele: erstens wendet er sich gegen die Realität der modernen Industriegesellschaft, zweitens gegen die ideologischen Vorstellungen, die diese Wirklichkeit verschleiern." Die Industriegesellschaft hat überall die gleichen Züge der Entpersönlichkeit und Versachlichung. Sie ist die reine Leistungsgesellschaft, deren Grundsätzen auch die industrialisierten sozialistischen Länder, wie Miller an anderen Stellen ansetzt, folgen. Der einzelne ist ein Rädchen im großen Mechanismus, er ist nicht als Individuum interessant, sondern nur als funktionierendes Glied des Ganzen, eines höchst komplizierten und vielfältigen Apparates, in dem doch überall die gleichen Gesetze gelten. Neben dieser technisch und ökonomisch bestimmten Welt kann noch die private existieren,

in der spezielle Fähigkeit und Wünsche ihre Entfaltung finden können. Kein Talent und kein höchstes Streben kann die Arbeit am Fließband besser machen, der Automat entscheidet über die Leistung, nicht der Mensch. Im Fortschritt der Entwicklung wird der Mensch selbst zum Automaten, der ausgewechselt werden muß, wenn er verschlissen ist oder aus einem anderen Grunde nicht mehr reibungslos funktioniert. Das gilt nicht nur im technischen, sondern auch im gesellschaftlichen Betrieb. Vom einzelnen wird eine bestimmte Handlungsweise erwartet, nicht mehr. Funktioniert er nicht mehr, so muß man ihn ausbauen und auswechseln. So fordert es das Gesetz des Industrialismus und der Industriegesellschaft. Daran kann weder eine überkommene religiöse noch eine politische Ideologie etwas ändern, denn sie alle berühren nur den Menschen außerhalb des funktionierenden Arbeitsprozesses. In diese moderne Arbeits- und Geschäftswelt aber reichen noch vorgeformte Anschauungen und Träume vom amerikanischen Leben hinein, die das wahre Bild verdecken und die, die ihnen folgen, in die Irre führen können. Diese Träume hat Willy Loman, nach ihnen richtet er sein Leben aus, er hält auch im Tode noch daran fest. Goetsch (a. a. O. S. 113 f.) grenzt drei Vorstellungsbereiche ab, die Miller in „Der Tod des Handlungsreisenden" kritisiert. Es sind: „1. der Pioniermythos, 2. der Popularitätskult und 3. der Mythos des abenteuerlichen Risikos oder der Mythos der letzten Grenze." Der Pioniermythos wird dadurch vorbereitet, daß bei Willy Loman gerade die Fähigkeiten wie leitmotivische Attribute herausgestellt werden, die der Pionier brauchte: das handwerkliche Geschick und die Liebe zur Natur. Sinnbildlich wird nach Goetsch Lomans Eintritt in die trügerische Welt dieses Mythos durch die Flötenmusik angedeutet. Willys Vater war besonders geschickt in der Herstellung von Flöten. Wenn er mit seinem Planwagen durch das Land zog, beschaffte er sich den Unterhalt durch den Verkauf selbstgefertigter Flöten. Auch sonst erwies er sich als geschickt in der Erfindung und Improvisation von nützlichen Gebrauchsgegenständen. Das Zweckdenken der modernen großstädtischen Arbeitswelt gilt nicht für den Pionier, es ist sogar unbrauchbar für ihn. Willy träumt sich in der Tiefe seines Bewußtseins in die Rolle des Pioniers. Er erinnert sich gern der Zeit, als es noch Bäume statt der Hochhäuser um sein kleines Haus gab, als er mit den Söhnen an der Erweiterung des Hauses oder im Garten arbeitete und sich das Material dazu beschaffte, wo es sich fand. Im Erinnerungstraum schickt er die Söhne wieder auf einen nahen Neubau, um dort Sand für den Ausbau der Terrasse zu besorgen. Charley, der

ganz in der Gegenwart lebt, hat zu der Freude Willys und seiner Söhne über diese Ungebundenheit nur besorgt anzumerken: „Willy, die Gefängnisse sind voll von solchen Wagehälsen." Nach Millers Überzeugung ist der Pioniermythos nicht mehr zeitgemäß, er steht im Widerspruch zu den Gesetzen der modernen Welt. In Willys Jugend mochte der Traum vom freien, naturverbundenen und schöpferischen Pionierdasein noch eine gewisse Berechtigung haben. Die Entwicklung der modernen Arbeits- und Leistungsgesellschaft aber hat ihn unsinnig gemacht. Willy ist „unfertig" geblieben, wie er gegenüber dem erträumten Ben eingesteht. Auch Biff war dem Pioniermythos erlegen, er wollte auf fernen Farmen das freie und naturnahe Leben führen. Er kehrt enttäuscht zurück. Auch auf den Farmen gelten die gleichen Gesetze wie im großstädtischen Massenbetrieb, auch sie sind der Technik und der Wirtschaftlichkeitsberechnung unterworfen.
Fragwürdig ist aber auch der Mythos oder Kult der Popularität. Willy Loman entschloß sich, Handlungsreisender zu werden, als er den 84 Jahre alten Dave Singleman beobachtete, der so bekannt war, daß er seine Kunden nicht mehr aufzusuchen brauchte. Sie kamen zu ihm ins Hotel, wo er sie in grünen Filzpantoffeln empfing und seine Geschäfte mit ihnen abwickelte. Er suggerierte Willy den Glauben, daß der Verkaufserfolg sich von selbst einstellen müsse, wenn man genügend populär sei. Willy übersah, daß jener Dave Singleman diese Beliebtheit wohl erst durch ein langes und arbeitsreiches Leben und durch seine außergewöhnliche Tüchtigkeit erwarb. Es genügt noch nicht, wenn man bei abenteuerlustigen Einkäuferinnen oder Sekretärinnen beliebt ist und Erfolg hat. Willy Loman muß in den realen Szenen immer wieder erkennen, daß er nie die Beliebtheit Singlemans erreichen wird. Er gesteht sich und Linda, daß er das Gefühl hat, von den Leuten nicht ernstgenommen zu werden. Aber er kann den Mythos nicht aufgeben, und weil er die Popularität in der Wirklichkeit nicht findet, sucht er sie umso mehr in seinen Träumen. So ist es ihm auch unbegreiflich, daß der einst als kommender Fußballstar umschwärmte Biff ein Versager ist. „Hinter Lomans Selbstbetrug und dem Popularitätskult im allgemeinen steht der verständliche, aber die Wirklichkeit leugnende Wunsch, an dem absoluten Wert des Individuums, einer Grundvorstellung des „American dream" festzuhalten", schreibt Goetsch (a. a. O. S. 115). Er zitiert weiter F. N. Mennemeier, der in „Das moderne Drama des Auslandes" (Düsseldorf 1961) schrieb: „ ... der krampfhafte Versuch, die moderne Massengesellschaft, die dem Individuum eo ipso seinen

Platz bei der gesichtslosen Millionen-Statisterie anweist, umzuinterpretieren in eine Gesellschaft individuell greifbarer Akteure, von denen angeblich jeder eine unverwechselbare Rolle spiele" (S. 103). Aber dieser Wunsch ist Teil eines unwirklichen Mythos, der in der Gegenwart keinen Rückhalt hat. Willy Loman indessen hält ihn fest, er bleibt auch nach allen Rückschlägen und Enttäuschungen dabei, als Biff ihm die Wahrheit über sie beide sagt: „Ich bin keine Dutzendware! Ich bin Willy Loman, und du bist Biff Loman!"

Der dritte und gefährlichste Mythos ist der der letzten Grenze. Er wird in Willys Phantasie von Ben verkörpert. Gemeint ist die Möglichkeit, die Gesellschaft ganz zu verlassen, in noch unerschlossenen Gebieten, in denen noch Gesetzlosigkeit herrscht, durch Härte und Einsatz des Lebens zu Reichtum zu gelangen, um dann als gemachter Mann in die Zivilisation zurückzukehren. Der Pionier, wie Willy Lomans Vater, blieb noch in mehr oder weniger fester Bindung mit der Gemeinschaft. Ben geht in die Wildnis, wo er sich durch Rücksichtslosigkeit und Grausamkeit durchsetzt. Für ihn ist das Leben der Dschungel, in dem nur das Recht des Stärkeren gilt, in dem Fairness unangebracht, ein Zeichen von Schwäche und gefährlich ist. Miller führt Ben ein und zeigt damit an, daß er überzeugt davon ist, daß dieser Traum der letzten Grenze, die Hoffnung noch nach neuen und unbekannten Grenzen in Zonen unbegrenzter Möglichkeiten aufzubrechen, immer noch im amerikanischen Volke lebendig ist. Die Gefahr dieses Mythos liegt darin, daß er den unzulänglichen Werteordnungen der Gesellschaft keine neuen Werte, sondern nur Stärke und Gewalt gegenüberstellt. Er ist die letzte Konsequenz aus reinem Erfolgsdenken, das dem Gesetz der Wildnis Vorschub leistet. Willy Loman unterliegt ihm, er spricht von Alaska und Afrika. Ben, der doch nur sein anderes erträumtes Ich ist, ermutigt ihn zum Aufbruch in das letzte unbekannte Land, zum Selbstmord. Er hebt den „American dream" auf die letzte Spitze.

Millers Zeitkritik richtet sich also gegen den „American way of life", aber nicht unkritisch. Er bleibt bei der Kritik in sicheren, humanen Maßstäben. Willys Streben nach einem besseren Dasein, nach dem Erfolg, ist an sich gut und verdient Anerkennung. Es ist ein erfreulicher und sympathischer Zug an ihm. Werden aber Willys Wertvorstellungen an der Wirklichkeit gemessen, so zeigt sich, daß sie diese vernebeln, verzerren und verfälschen, nicht aber, was Ziel allen gesunden Strebens sein muß, über sie hinausführen. Wesentliche Vorstellungen des „American way of life" halten vor der Wirklichkeit der Gegenwart nicht stand, sie lassen sich in der modernen Industriegesellschaft und Großstadt nicht verwirklichen. Miller ist enttäuscht darüber, daß in Amerikas Entwicklung der alte Menschheitstraum vom kulturellen Neubeginn, von einer neuen Freiheit und Selbstentfaltung des Individuums nicht verwirklicht worden ist. Damit steht er in einer Reihe mit vielen seiner Zeitgenossen und folgenden Autoren. Was bleibt, ist die Hoffnung. Miller hat keine ideologischen oder politischen Vorschläge für eine bessere gesellschaftliche Ordnung anzubieten. Nicht die gesellschaftliche Ordnung an sich ist schlecht, sondern die Art und Weise, wie die einzelnen Menschen sie annehmen, sich in sie einfügen oder die sicher vorhandenen Mängel zu beheben gewillt oder in der Lage sind. Der Fehler liegt darin, daß die Menschen die bestehende Ordnung entweder einfach als gegeben hinnehmen und sich ihr anpassen oder sich in Träume flüchten. Eine pauschale Lösung könnte nur die eine unzulängliche Ordnung durch eine andere ebenso unzulängliche, wenn nicht unzulänglichere ersetzen. Eine Wandlung der Gesellschaft ist nur möglich, wenn jeder einzelne Mensch sich selbst und sein Verhältnis zu ihr wandelt. Wenn Willy Lomans Schicksal als typisch dargestellt wird, so ist es letzten Endes doch in seiner Persönlichkeit, in seinem Verhaftetbleiben in nicht mehr zeitgemäßen Mythen, in sehr fragwürdigen, weil nicht mit der gesellschaftlichen Wirklichkeit im Einklang stehenden Träumen begründet. Als positiv bleibt das neue Selbstverständnis Biff Lomans, der die Mythen, die er vom Vater übernahm, überwindet. Dieser hat, nach Goetsch „Biff gelehrt, seine eigene Position zu erkennen, die eigenen falschen Träume zu verwerfen und dennoch seinen Vater, den Träumer, zu verstehen und zu lieben" (S. 117). Für ihn war der Tod des Handlungsreisenden nicht umsonst. Neben ihm aber steht sein Bruder Happy, der nach den Reden, die er im Requiem führt, gewillt ist, alle Fehler, alle Irrtümer und Selbsttäuschungen des Vaters fortzusetzen in der gleichen trügerischen Hoffnung, der gleichen Erwartung, an der Willy Loman zerbrach.

In der Miller-Literatur kann man etwa folgende Positionen unterscheiden: „Das analytische Drama ‚Death of a Salesman' zeichnet in Form und Rückblende und Bewußtseinsstrom eine Art amerikanisches Jedermannschicksal und kritisiert das Erfolgsstreben des ‚american way of life'. Dieser Erfolgsillusion von Willy Loman (kleiner Mann, ‚Jedermann') stellt M. die Realität des Versagens der ganzen Familie gegenüber; Vater und Söhne scheitern an der Unmöglichkeit der Lebenslüge. Gleichzeitig übt M. Kritik an der amerikanischen Erfolgsgesellschaft, die für die Alten, nunmehr Erfolglosen, keinen Platz hat." (Hedwig Bock, II, 555 (s. Literaturverzeichnis).)

„ ‚Der Tod des Handlungsreisenden' ist ein Stück aus der Nachfolge Ibsens und seines Kampfes gegen die Lebenslüge. Nur wurde die Technik Ibsens erweitert durch eingeschobene Rückblenden, durch Wach-Illusionen sowie durch Auflösung des realistischen Schauplatzes und der realistischen Situationen. Das Stück ist ein tragischer Aufriß des typisch amerikanischen Erfolgsoptimismus um jeden Preis. Ihm folgten die verheerende Überschätzung der eigenen Kräfte, ihre rasante Abnutzung, der Absturz in ein Wunschtraumleben und schließlich der totale menschliche Ruin." (Emmel, 342 - 344)

Die Bedeutung dieses Dramas von A. M. ist zu sehen „in der Überwindung der Psychoanalyse". „Den entscheidenden Schritt über Ibsen hinaus tut das ... Drama ‚Death of a Salesman'." (Pongs II, 1280)

Man erkennt unschwer Ähnlichkeiten (u. a. das Zurückführen auf Ibsen), aber auch Unterschiede, die bei der Betrachtung der „Hexenjagd" möglicherweise noch deutlicher werden.

HEXENJAGD

Entstehung und Titel

Das Drama in zwei Akten „Hexenjagd" ist 1953 entstanden, gegen Ende des Jahres in New York uraufgeführt und bereits im folgenden Jahr von deutschen Bühnen übernommen worden. Es beruht auf sehr gründlichen Studien der Geschichte Neu-Englands und seines Puritanismus. Aber es ist kein Geschichtsdrama im engeren Sinne. In historischem Gewand wendet es sich gegen Angst und Massenwahn, die nicht einmalige geschichtliche Erscheinungen sind, sondern auch in unserer Zeit immer wieder auszubrechen drohen. Es geht weiter gegen die Verhörmethoden, gegen Denunziation, Gesinnungsschnüffelei, Mißbrauch politischer Macht und alle Praktiken politisch-weltanschaulicher Meinungsforschung, die auch in der modernen Welt keine anderen sind als früher.
Als direkter Anlaß gilt die Tätigkeit der 1950 unter dem Vorsitz des Senators Joseph MacCarthy, der ein entschiedener Feind aller Kommunisten war, eingerichteten parlamentarischen Untersu-

chungsausschüsse zur Aufdeckung antiamerikanischer Umtriebe, die zahllose Verhöre, Zeugenvernehmungen und Leumundsbefragungen vornahmen. Die Methoden des Ausschusses waren sehr umstritten. 1954 mußte McCarthy nach mehrfachem parlamentarischem Tadel den Vorsitz des Ausschusses aufgeben. (Er ist 1957 gestorben). Auch Miller wurde wie fast alle seiner dichtenden Zeitgenossen, unter ihnen auch der im Exil in Amerika lebende Bert Brecht, der sich damals entschloß, die USA zu verlassen, vor dem Ausschuß verhört.

In seinem Werk gibt Miller sehr ausführliche Bühnenanweisungen, die weit über das für die Bühne Notwendige hinausgehen und sich zu historisch-kritischen Exkursen ausweiten. Mit ihnen gewann er großen Einfluß auf die amerikanische Öffentlichkeit. So schreibt er: „Zur Zeit dieser Niederschrift hat einzig England sich vor den Versuchungen eines zeitgenössischen Teufelskults bewahrt. In den Ländern der kommunistischen Ideologie wird jeglicher Widerstand von Bedeutung dem durchaus bösen kapitalistischen Teufelsgeist zugeschrieben, und in Amerika ist jedermann, der nicht reaktionär denkt, der Anklage eines Bündnisses mit der Roten Hölle gewärtig. So erhält politische Opposition einen Anstrich des Unmenschlichen, was dann die Aufhebung aller normal üblichen Formen zivilisierten Verkehrs rechtfertigt. Eine politische Polizei wird mit moralischem Recht, und Widerstand gegen sie mit teuflischer Bosheit gleichgesetzt. Ist solch eine Gleichsetzung einmal verwirklicht, so wird die Gesellschaft zu einem Gemisch von Anschlägen und Gegenanschlägen, und die Hauptrolle der Regierung wandelt sich von der eines Schiedsrichters in die einer Gottesgeißel.

Die Ergebnisse dieses Vorgangs unterscheiden sich heute nicht von den damaligen, außer bisweilen im Grad der angewandten Grausamkeit, und nicht einmal immer darin. Normalerweise waren es einzig die Handlungen und das Tun eines Menschen, was zu richten die Gesellschaft sich für befugt hielt. Sich mit den geheimen Absichten einer Handlung zu befassen, blieb den Pastoren, Geistlichen und Rabbis überlassen. Wenn jedoch der Teufelskult grassiert, sind Handlungen die am wenigsten wichtigen Kundgebungen der wahren Natur eines Menschen. „Der Teufel" — sagt Pastor Hale — „ist listenreich und bis zu einer Stunde vor seinem Fall hielt Gott selbst ihn für eine Zier des Himmels." Die Analogie jedoch scheint hier ins Stocken zu geraten, wenn man bedenkt, daß es damals keine Hexen gab, während es heute Kommunisten und Kapitalisten gibt, und in beiden Lagern Beweis dafür vorhanden ist, daß Spitzel jeder Seite am Werk sind, die andere

zu unterwühlen. Aber das ist ein snobistischer Einwand und keineswegs durch Tatsachen verbürgt. Ich zweifle nicht daran, daß die Salemer tatsächlich mit dem Teufel umgingen, ja ihn verehrten, und daß man, wenn in diesem Falle, wie in anderen, die volle Wahrheit zu erkennen wäre, auf eine regelrechte und Brauch gewordene Versöhnung mit den dunklen Mächten treffen würde."
Miller gibt in dieser Bühnenanweisung auch ein Beispiel für diese Art des Vorganges, den man im modernen Leben gern die „Verteufelung" nennt: „Allen Berichten zufolge gibt es in der ganzen Welt keine puritanischeren Sitten als die von Kommunisten in Rußland diktierten, wo zum Beispiel die Frauenmode so einfach und züchtig ist, wie es ein amerikanischer Baptist nur wünschen könnte. Die Scheidungsgesetze belasten den Vater mit einer ungeheueren Verantwortung für die Versorgung seiner Kinder. Die lockeren Scheidungsgesetze in den frühen Jahren der Revolution waren zweifellos nur ein Rückschlag auf die viktorianische Starre der Ehe des neunzehnten Jahrhunderts mit ihrer folgerichtig daraus entwickelten Heuchelei. Von anderen Gründen abgesehen kann ein so mächtiger, so eifrig auf die Einförmigkeit seiner Untertanen bedachter Staat die Zerstörung der Familie nicht lange dulden. Und dennoch hält sich, zumindest in Amerika, die Ansicht aufrecht, daß die russische Haltung der Frau gegenüber unzüchtig sei. Da wirkt wieder der Teufel, ebenso wie er in dem Slawen wirkt, den der bloße Gedanke entsetzt, daß eine Frau sich in einer Revue entkleidet. Unsere Gegner sind stets in geschlechtliche Sünde gehüllt, und aus dieser unbewußten Überzeugung bezieht der Dämonenglaube sowohl seine anreizende Sinnlichkeit als auch seine Fähigkeit, Wut und Schrecken zu erregen."
Schon diese ausführlichen Darlegungen, die im Zusammenhang mit der Bemerkung Millers, daß bisher bei keiner Vorstellung der Satz Pastor Hales: „Wir können uns hier nicht an Aberglauben halten. Der Teufel ist genau", beim Publikum Lachen hervorgerufen habe, erst nach der Uraufführung in den Buchtext eingeführt wurden, lassen erkennen, daß es Miller um ein Menschheitsanliegen ging, das zu jeder Zeit aktuell und bedrohlich werden kann. Sein eigentliches Anliegen ist die Überwindung dieser Abhängigkeit vom Teufel in seinen vielfältigen Erscheinungsformen. Der deutsche Titel weist eindeutig auf die historischen Ereignisse. Miller aber nannte sein Werk „The Crucible", was „Der Schmelztiegel" bedeutet. Im Schmelztiegel werden die Stoffe gesondert und geläutert, das Metall und die Schlacke, das Wertvolle und das Wertlose von-

einander geschieden. So wird auch die Handlung zur Läuterungsprobe für die betroffenen Menschen, insbesondere für John Proctor, auf ihren wahren und unvergänglichen menschlichen und sittlichen Wert. Es dürfte allerdings schwer sein, ein deutsches Wort zu finden, das diesen Sinn des amerikanischen Titels genau träfe. Jedenfalls hat sich am deutschen Theater die „Hexenjagd" als zugkräftig erwiesen.

DIE GESCHICHTLICHEN VORAUSSETZUNGEN

Noch ehe die Pilgerväter am 21. November 1620 in der Massachusettsbai landeten, hatten sie an Bord den „Mayflower Compact" beschlossen, einen Gesellschaftsvertrag, der die Schaffung eines puritanischen Gemeinwesens vorsah. Von anderen, kalvinistisch-reformierten Christen unterschieden sie sich dadurch, daß sie jeden Einfluß des Staates auf die Kirche und erst eine Staatskirche ablehnten. Deshalb wurden sie auch Independenten genannt. Ihr zunächst kleiner Kreis wuchs rasch, als sich 1628 eine Gruppe von Abenteurern von König Karl I. ein Gebiet an der Mündung des Merrimac, also im Siedlungsraum der Pilgerväter, bewilligen ließ, in das sofort eine Gruppe von Kolonisten unter John Endicott entsandt wurde. Schon 1629 einigten sich diese neuen Ansiedler mit den bereits anwesenden, mit denen sie sich in ihrer religiösen Anschauung und den daraus hervorgehenden Vorstellungen von einem biblischen Gemeinwesen, einem neuen Jerusalem (Salem) einig wußten. Der Name der 1628 gegründeten Gesellschaft war „Company of Massachusetts Bay in New England". 1630 wurden die Siedlungen von Salem und Boston vereinigt, 1691 wurde auch die bisher selbständige Gründung der Pilgerväter, Plymouth, durch königliche Verordnung an die Kolonie angeschlossen. An der Spitze der Kompanie stand in England der „governor", wohl eine Art Geschäftsführer, dem in Neuengland der „delegated governor" entsprach. Mit der Ausdehnung des Statuts der Massachusetts Bay Company auf Neuengland und der Verbindung der Gesellschaft mit den bereits vorhandenen Ansiedlern war der Weg offen für ein theokratisches Gemeinwesen, in dem kirchliche und weltliche Angelegenheiten nicht geschieden waren. Alle Gewalt lag bei der Kongregation, der religiösen Gemeinde, als deren Sprecher die Pastoren auftraten, die zwar oft eine führende Rolle übernahmen, aber keine entscheidende Macht hatten. Weitere Kolonisten folgten. Das Leben der Kolonisten war hart, viele starben schon im ersten Jahr, vor allem die ungewohnt strengen

Winter erforderten schwere Opfer. Dabei war Neuengland nie ein Zufluchtsort für religiös Verfolgte. Nur diejenigen, die sich zur Kongregation, zu den puritanischen Vorstellungen bekannten, waren zugelassen. Die Zeit des puritanisch-kongregationalistischen Commonwealth in Großbritannien unter Führung von Oliver Cromwell (1649-58), der den Handel mit den Kolonien mit allen Mitteln auszuweiten versuchte, brachte neue Ansiedler. Dieser Einwandererstrom riß auch nach der Restauration, der Wiederherstellung des Königstums der Stuarts (1660) nicht ab. Zwar konnte Karl II. (1660-85) nicht wagen, die Duldung der christlichen Gemeinschaften, die sich nicht zur wiederhergestellten anglikanischen Staatskirche bekannten, aufzuheben. Dennoch verließen viele freiwillig die Heimat, um in Neuengland den Anschluß an ihre Brüder und Schwestern im Glauben zu finden.

Die englische Regierung hinderte diese Auswanderung nicht. Sie war aber bemüht, die Kolonien fester an das Mutterland zu binden. 1684 wurde der Freibrief der Massachusetts Bay Company aufgehoben. 1691 wurde dann die bis dahin fast vollständige Freiheit der Kolonien weiter eingeschränkt. Aufgehoben wurde die Anordnung, nach der der Erwerb von Grundbesitz nur Mitgliedern der Glaubensgemeinschaft möglich war. An Stelle des Gouverneurs der Kompanie trat einer der britischen Krone. Für die Masse der Ansiedler wurde das zunächst kaum fühlbar, die Macht der Gemeinden blieb bestehen. Aber in England hatte sich unterdessen die „Glorious Revolution" (1688) vollzogen. Der Stuartkönig war aus dem Lande vertrieben, auf dem Thron saß Wilhelm III. von Oranien. Die Stuartkönige hatten Neuengland durch Freibriefe gestützt und gefördert. Niemand wußte, was der Herrscherwechsel bringen würde.

1692 setzen die Ereignisse in Massachusetts ein, die den Hintergrund zu Millers Drama bilden. Noch schienen die kongregationalistischen Gemeinden und ihre Herrschaft fest begründet. Aber „die Salemer von 1692 waren nicht ganz das fromme Volk, das mit der Mayflower ankam", schreibt Miller. Eine Differenzierung hat stattgefunden, die Strenge und Härte der alten Puritaner war neueren und freieren Anschauungen gegenüber nachgiebig gewesen, und manche neuen Kolonisten standen nur unter dem Druck der Verhältnisse zum überkommenen Kongregationalismus. Zudem hatten politische Ereignisse in England, Neuengland und in anderen Gebieten Amerikas das Volk beunruhigt. Gefahren mochten sichtbar werden, die das neue Jerusalem in dem schwer und unter unsagbaren Opfern dem Walde abgerungenen Osten

des amerikanischen Kontinents in seinem Bestand bedrohten. Dem einfachen Volk schien die Zeit voller Wirrnisse und düsterer Möglichkeiten. Da lag der Glaube nahe, daß dunkle und verborgene Mächte sich gegen das Volk der Frommen, der Gerechten verbündet hätten, um durch übernatürliche Werke das zu Gottes Ehre geschaffene Werk zu vernichten. Miller spricht von einem Paradox, das nicht zu lösen ist: „Es war einfach dies: zu guten, ja hohen Zwecken bildeten die Salemer eine Theokratie, eine Verbindung von staatlicher und kirchlicher Macht, deren Aufgabe es war, die Gemeinde zusammenzuhalten und jeglichen Zerfall zu verhüten, der sie der Zerstörung durch materielle oder ideologische feindliche Kräfte zugänglich machen konnte. Sie war zu einem notwendigen Zweck geschaffen und erfüllte diesen Zweck. Aber jede Organisation gründet sich, und zwar zwangsläufig, auf den Gedanken der Ausschließung und des Verbots, wie eben zwei Dinge nicht den gleichen Platz einnehmen können. Offenbar kam in Neu-England die Zeit, da der Druck der Ordnung härter war, als es die Gefahren, die diese Ordnung abhalten sollte, anscheinend erforderte. Die Hexenverfolgung war eine perverse Kundgebung der Angst, die in allen Klassen auftrat, als sich das Gewicht zu größerer individueller Freiheit hin zu verlagern begann." Dazu kamen auch andere Motive. Viele, die sich an die Ausübung der Macht gewöhnt hatten, sahen diese plötzlich bedroht. Es gab sicher aber auch niedrigere Motive. Die neu-englischen Kolonien waren immer noch klein, die Menschen wohnten dicht zusammen und waren aufeinander angewiesen. Nachbarhaß und Neid auf die erfolgreicheren Kolonisten, manchmal auch nackte Habgier, fanden in dem Augenblick, in dem der Massenwahn entfesselt war, ihr Ventil. Es galt auf einmal als patriotische und christliche Pflicht, den unbeliebten Nachbarn zu denunzieren, ihn „auszuschreien", wie es in der Sprache der Hexenverfolger hieß. Gewinnsucht blähte sich auf, mancher durfte hoffen, sich den Besitz der Verurteilten, die auch aus der Gemeinde ausgeschlossen und rechtlos waren, unter dem Schein des guten Rechtes aneignen, ihn billig kaufen zu können. "Alte Rechnungen", schreibt Miller, „konnten auf der Ebene eines himmlischen Kampfes zwischen Luzifer und dem Herrgott beglichen werden."
Vielleicht spielt bei dem Massenwahn auch die Reaktion gegen die allzu große Strenge des puritanischen Lebens eine Rolle. Es war bis in alle Einzelheiten reglementiert und völlig phantasielos. Der Glaube verbot alles, was dem Theater oder eitlen Vergnügungen zugezählt wurde. Weltliche Lieder und natürlich auch jegliche

weltliche, jegliche unterhaltsame Literatur war bei Kirchenstrafe verboten. Puritaner feierten keine Weihnacht und keine Familienfeste. Ihre wenigen Feiertage zwischen der harten und nie abreißenden Arbeit waren keine Zeit der Erholung und der Freude, sondern nur der verstärkten Sammlung auf das Gebet und die Lehre. Verboten waren dem Gläubigen Schenken und unterhaltsame Spiele. Zwar hatte der stärker werdende Zustrom der Einwanderer auch manche Nichtsnutze ins Land gebracht, in Salem gab es sogar eine Schenke, die der Fromme natürlich zu meiden hatte. Die Gemeindeangehörigen schlossen sich streng ab, sie mieden jeden Umgang mit Leuten, die im Ruf standen, Sünder zu sein. Der christliche Grundsatz von der Nächstenliebe galt nur gegenüber den Glaubensbrüdern. Die kirchliche Ordnung der Kongregation war ganz alttestamentlich, der Sünder wurde ausgestoßen und mußte durch umständliche und demütigende Kirchenbuße beweisen, daß er wieder würdig werden wollte. Die Lehre vom guten Hirten ging an den Puritanern vorbei. Der Prädestinationsglaube ließ allenfalls zu, daß der Berufene vorübergehend einen Irrweg ging. Die Bekehrung eines notorischen Sünders war ein Versuch am untauglichen Objekt, denn seine Haltung bewies eindeutig, daß er nicht prädestiniert, also von Gott verworfen war.

Sorgfältig wachte nicht nur die Geistlichkeit, sondern jedes Gemeindemitglied darüber, daß kein Bruder und keine Schwester Sitte und Brauch verletzte. Jeder fühlte sich für jeden verantwortlich. Das führte zu einer unerträglichen Sittenschnüffelei, die von manchem als bedrückend empfunden werden mochte. Streifwachen wurden ausgeschickt, um jeden festzustellen, der die Stunde des Gottesdienstes versäumte. Sie waren verpflichtet, solche Lauen der Obrigkeit zu melden, die sie vor der versammelten Gemeinde zur Verantwortung zog. Die überall in kleinen Siedlungen und Gemeinschaften verbreitete Neigung, sich um die Angelegenheiten der Mitmenschen zu kümmern, war in den neuenglischen Siedlungen, in denen das Verbot irgendwelcher weltlicher Unterhaltung sowieso jede Ablenkung ausschloß, auf die Spitze getrieben. Einst war der Glaube der feste Halt gewesen, der die Puritaner befähigte, in einem in jedem Sinne feindlichen Lande auszuhalten und festen Fuß zu fassen. Jetzt aber war eine größere Freiheit vom äußeren und inneren Druck, mehr Sicherheit gegen die stete indianische Bedrohung und eine gewisse Sicherheit des materiellen Unterhalts gegeben. Die Kolonisten waren nicht mehr die einsam auf sich selbst gestellten, von feindlichen Menschen, vom unerbittlich harten Klima und vom Hunger bedrohten Außenseiter der menschlichen Gesellschaft, die sich eben deshalb umso fester im Glauben zusammenschlossen. Der Handel mit England hatte auch die Pforten für Waren und Ideen von außen geöffnet. Aber die alten Gesetze galten noch in alter Strenge, niemand wollte zugestehen, daß sie nicht mehr zeitgemäß waren. Allgemein war dennoch das Bedürfnis nach einer Erweiterung des geistigen Horizontes, wenn sich auch die Wünsche vorerst nur auf mehr Freiheit und Lebensfreude richten mochten. Da waren auch die psychologischen Voraussetzungen dafür vorhanden, daß die Sensation, der Drang nach Erlebnis, das aufgestaute Bedürfnis nach Abwechslung sich in einem allgemeinen Wahn entluden, der das Einerlei des puritanischen Alltags durchbrach und alles, was sonst verboten war wie die gehemmte Sexualität nicht nur laut verkündete, sondern sogar zur politischen und religiösen Pflicht machte. Allzu große Sittenstrenge schlug in Perversion um.

SACHLICHE UND SPRACHLICHE ERLÄUTERUNGEN

Anarchie: Gesetzlosigkeit, rechtloser Zustand.

Andover: kleine Stadt im Nordosten des Staates Ohio.

Barbados: Die östlichste der kleinen Antilleninseln, heute meist von Negern und Mulatten bewohnt, in der Kolonialzeit Stützpunkt des Sklavenhandels. Barbados wurde 1625 von Engländern besiedelt und 1652 durch Cromwell englischer Besitz.

Beilkespiel: Eine frühe Art Tischballspiel, eine Art Billard. Es war in die Hafenstädte Neu-Englands für Seeleute u. ä. eingeführt worden und galt den Puritanern als sündhaft und verwerflich.

Beverly: Stadt im Staate Virginia.

Block: ... in den Block legen; ein altes Folterinstrument, in das der Delinquent mit den Füßen eingeschlossen und dem Volke zum Spott zur Schau gestellt wurde.

Harvard: Die Harvard University, die 1636 zu Cambridge in Massachusetts als Predigerseminar gegründet und nach ihrem Mitstifter, einem puritanischen Geistlichen, benannt wurde. Heute eine der führenden Hochschulen Amerikas von Weltruf.

Incubi, Succubi: nach mittelalterlichem Glauben Teufel, die mit Hexen buhlten. Ihr Vorbild sind römische Dämonen, mit denen man das Alpdrücken erklären wollte. In Hexenprozessen in allen Teilen der Christenheit spielen diese Buhlteufel, Erzeugnisse einer ausschweifenden Sexualphantasie eine große Rolle.

„In nomine Domini Sabaoth sui filiique ite ad infernos": Exorzismus oder Teufelsbeschwörung, wie sie schon früh in der Kirche geübt wurden und auch von den lutherischen und reformierten Konfessionen übernommen wurden: „Im Namen des Herrn Sabaoth und seines Sohnes: Geh zur Hölle!" Die Teufelsbeschwörung beruht auf dem Glauben, daß der Teufel das Aussprechen des heiligen Namens nicht erträgt, so wie er auch gegen heilige Zeichen, das Kreuz oder das Sanktissimum allergisch ist.

„ipso facto": Juristenlatein: durch die Tat selbst, durch die Tat an sich.

Jamestown: 1607 in der Nähe der Stelle, an der bereits Raleigh 1585 an der Roanoke-Bay eine bald wieder eingegangene englische Kolonie geschaffen hatte, gegründet. Raleigh hatte die Kolonie Virginia — zu Ehren der Königin Elisabeth — genannt, dieser

Name blieb. Jamestown war die erste dauerhafte englische Kolonie in Amerika. Im Gegensatz zu den neu-englischen aber war sie von Pflanzern gegründet, die Tabakanbau mit Sklaven betrieben. Mit den Puritanern hielt Virginia zunächst wenig Kontakt, der religiöse Gegensatz war unüberbrückbar. Im Unabhängigkeitskrieg übernahm Virginia die führende Rolle, auch Washington war ein virginischer Pflanzer.

Marblehead bis Lynn: heute größere Vororte von Boston, um 1690 Ortschaften im Süden der 1630 von der Massachusetts-Bay-Company als Ausgangspunkt der bäuerlichen Besiedlung der Kolonie gegründeten Hafenstadt. Der eine Vorort liegt im Norden, der andere im Süden des Stadtgebietes.

Quaker: Sie nennen sich selbst: Society of Friends. Um die Mitte des 17. Jahrhunderts wurde die Glaubensgemeinschaft von G. Fox in England gegründet. 1681 ließ sich der Quaker William Penn gegen ererbte Schuldforderungen an die englische Krone vom König ein Gebiet am Delaware-Fluß als Eigentum verleihen, auf dem er Philadelphia als Mittelpunkt der Kolonie Pennsylvania gründete. 1683 und 1699 gab Penn der neuen Kolonie eine Verfassung, die in schroffem Gegensatz zu den Verfassungen der neu-englischen Kolonie stand, weil sie auf dem Grundsatz völliger Glaubensfreiheit und einer friedlichen Zusammenarbeit mit den Indianern beruhte. Auf Grund dieser Verfassung wanderten 1683 deutsche Mennoniten (Germantown) ein. Von den Puritanern (Kongregationalisten) Neu-Englands wurden die Quaker, die jede hierarchische Verfassung und geistliche Obrigkeit ablehnen und keine Prediger haben, als höchst gefährliche Feinde angesehen.

Salem: Heute Hafenstadt in der Metropolitan Area von Boston im Staate Massachusetts. 1630 von der Massachusetts-Bay-Company gegründet. Wenn Miller sagt, daß die Stadt im Jahre 1692 „vor kaum vierzig Jahren entstanden" sei, so ist mehr an die Stadtwerdung als an die offizielle Gründung der Ansiedlung gedacht. Salem hat auch jetzt noch eine historische Altstadt mit stilvollen Bauten der Kolonial- und Nachkolonialzeit.

GANG DER HANDLUNG

Vorbemerkung

In einer Anmerkung, die der Buchausgabe vorausgeschickt wurde, hebt Miller ausdrücklich hervor, daß das Schicksal jeder einzelnen Gestalt genau dem ihres geschichtlichen Vorbildes entspricht. Aber die Quellen, Briefe, Gerichtsprotokolle und gewisse zeitgenössische Flugschriften reichten nicht immer aus, um ein abgerundetes Bild zu ergeben. Insbesondere über die Charaktere können die vorhandenen Unterlagen nichts Vollständiges und Abgerundetes aussagen. Soweit wie möglich richtete sich Miller auch darin nach den Quellen aus. Wo es geschieht, gibt er es in den Kommentaren, den erweiterten Bühnenanweisungen genau an. Im übrigen aber fordert Miller auf, die Charaktere als seine Schöpfungen anzusehen, „die ich in Übereinstimmung mit dem, was von ihnen bekannt ist, nach bestem Vermögen dargestellt habe." Aus dramaturgischen Gründen hat Miller auch verschiedene Gestalten in einer verschmolzen und das Alter Abigails heraufgesetzt. So gibt, wie er betont, sein Stück nicht Geschichte im akademischen Sinn des Wortes. Wesentlich aber ist ihm, daß eines der seltsamsten und furchtbarsten Kapitel der Geschichte wahrheitsgetreu wiedergegeben wird. Anders gesagt: nicht der Dichter formt, von der dramaturgischen Anordnung abgesehen, den geschichtlichen Stoff zur Tragödie, die Geschichte selbst wird unter der ordnenden Hand des die Wahrheit suchenden Dichters zur Tragödie.

Die Handlung

1. Akt:

Die Tochter Betty des Salemer Pastors Parris liegt an einer rätselhaften Krankheit darnieder. Sie ist gelähmt und zur Zeit bewußtlos. Pastor Parris betet an ihrem Bett. Als die Negersklavin Tituba, die Parris, der, ehe er den geistlichen Beruf ergriff und nach Salem kam, Sklavenhändler auf Barbados war, von dort mitbrachte, ins Zimmer tritt, gerät er in maßlose Wut. Er ist völlig unfähig zu verstehen, daß echte Sorge die Negerin, die das Kind seit dem frühen Tode der Mutter betreute, herführt. Er weist sie hinaus, während seine Nichte Abigail eintritt. Sie meldet die Magd des Arztes an. Parris läßt sie hereinrufen. Sie kann nur berichten, daß der Doktor in seinen Büchern keine Medizin gegen diese Krankheit fand. Er läßt dem Pastor ausrichten, er solle nach unnatürlichen Dingen als Ursache ausschauen. Erregt erklärt Parris, daß es keine unnatürliche Ursache gebe. Um sicher zu gehen, hat er nach Pastor Hale von Beverley geschickt, der Experte für Hexerei und Zauber ist. Er entläßt die Magd mit der Bitte an den Doktor, er möge weiter nach einer Medizin suchen und jeden Gedanken an unnatürliche Ursachen abtun. Nachdrücklich fordert er sie auf, in der Stadt nicht darüber zu sprechen.

Abigail aber verwirrt den Oheim mit der Nachricht, daß das Gerücht von Hexerei durch die ganze Stadt geht und sein Empfangszimmer voll von Leuten ist, die mit ihm darüber reden wollen. Parris ist in größter Verlegenheit. Die Wahrheit muß ihm in jedem Fall schaden. Wenn man ihm Hexerei in seiner Familie und seinem Hause nachweist, ist er, der nur gegen manchen Widerstand von der Gemeinde gewählt wurde, als Pastor erledigt. Er kann der Gemeinde aber auch nicht sagen, was er ‚weiß. Zufällig ertappte er seine Tochter und seine Nichte, als sie mit einigen Freundinnen im Walde tanzten. Sie hatten ein Feuer gemacht, an dem Tituba ihnen unverständliche Lieder aus Barbados vorsang. Was aber die Sache schlimmer macht, ist die Beobachtung, daß mindestens eines der Kinder nackt durch den Wald lief. Mag Abigail auch betonen, daß es sich um harmloses kindliches Spiel handelte, Parris ist in Gefahr. Die gestrenge Gemeinde wird nicht hinnehmen, daß er ungestraft solche zweifelhaften Vergnügungen bei den Kindern und erst recht nicht bei seiner Tochter und Nichte duldet. Sicher ist, daß Bettys Krankheit auf dem plötzlichen Schrecken beruht, den sie empfand, als der Vater während des verbotenen Spieles aus dem Gebüsch sprang, von dem aus er das Treiben der Kinder belauerte. Die Ursache der Krankheit ist also der Schock, den das Kind erlitt. Pastor Parris neigt dazu, an die Arglosigkeit des Spieles zu glauben. Aber das kann ihm nicht helfen, er darf seinen Glauben der Gemeinde nicht eingestehen. Eindringlich redet er Abigail zu, die Wahrheit zu sagen. Er traut der Nichte nicht mehr ganz, er ist beunruhigt, weil sie von der Frau des allgemein geachteten John Proctor aus dem Dienst gejagt wurde. Noch mehr beunruhigt ihn, daß Frau Proctor sagte, sie komme seitdem nur selten zur Kirche, weil sie nicht so nahe bei Beschmutzten sitzen wolle. Trotzig erwidert Abigail, daß Frau Proctor hart und lügnerisch sei und sie hasse. Sie habe sie wie eine Sklavin gehalten, dagegen habe sie sich gewehrt. Pastor Parris ist allzu geneigt, ihr im eigenen Interesse zu glauben. Aber er zweifelt immer noch, weil keine Familie Abigail in Dienst nehmen wollte, seitdem sie wieder in seinem Hause ist.

Thomas Putnam und seine Frau treten ein. Pastor Parris fürchtet Putnam, einen rücksichtslosen Menschen, der durch seinen Reichtum in der Gemeinde einflußreich ist und schon einmal vergeblich versucht hat, die Wahl seines Schwagers gegen einen Vorgänger von Parris, den er wegen unverschuldeter Schulden ins Gefängnis sperren ließ, durchzusetzen. Er weiß auch, daß Putnam ihn verachtet und ihm übel will. Für Putnam und erst recht seine einfältige Frau ist die Hexerei so gut wie bewiesen. Man spürt, daß der Wunsch, daß es so sein möge, sie bereits überzeugt. Ihr eigenes Kind ist in gleicher Weise wie Betty erkrankt, es ist behext. Sieben Kinder hat Frau Putnam kurz nach der Geburt verloren, sie hat sie ungetauft in die Erde legen müssen, durch Zauber sind sie gemordet worden. Sie wollte schon zu Tituba schicken, von der man sagt, daß sie Tote beschwören kann, um über sie die Wahrheit zu finden, auf die Gefahr hin, sich selbst einer furchtbaren Sünde, nämlich des Umgangs mit Toten schuldig zu machen. Jetzt hofft sie, daß Pastor Hale die Hexe ausfindig machen wird.

Vom schlechten Gewissen und von Angst getrieben kommt Putnams Magd, die an dem Tanz der Kinder teilnahm, unter dem Vorwand, nach der kranken Betty sehen zu wollen, hinzu. Als mit einiger Mühe Parris und die Putnams aus dem Zimmer geschafft sind, mahnt Abigail die Gefährtin, nicht mehr zu sagen, als sie selbst gesagt hat. Sie lügt ihr aber auch vor, Parris habe heraus-

gebracht, daß Tituba die verstorbenen Kinder Putnams aus dem Grabe beschworen hat. Zu den beiden kommt Mary Warren, Proctors Magd, ebenfalls von Angst getrieben. Sie ist überzeugt, daß sie die Wahrheit sagen müssen, weil sie sonst in den Verdacht der Hexerei geraten. Vielleicht kommen sie dann damit davon, daß sie wegen des Tanzens und „dem anderen" nur ausgepeitscht werden. Unterdessen ist Betty zu einem neuen Anfall erwacht. In ihrem Fieberwahn spricht sie davon, daß sie Blut getrunken haben, wohl in spielerischer Nachahmung indianischer Bräuche. Jetzt hat sie Angst, daß ihr Vater davon erfährt. Abigail schlägt sie und dringt in sie, nur das Tanzen zuzugeben. Sie droht ihr und den anderen geheimnisvoll, daß sie ihnen in den Nächten erscheinen und alle Greuel bereiten wird, die sie von Indianern gehört und gesehen hat, als sie ihre Eltern erschlugen, wenn sie nur ein Wort verraten.
Auf der Suche nach Pastor Parris kommt John Proctor ins Zimmer. Niemand weiß, daß seine Tugend einst der Schönheit und Leidenschaft Abigails erlegen ist und sie deshalb von Frau Proctor aus dem Hause gewiesen wurde. Die beiden Mägde lassen sie allein, Betty schläft wieder. Sofort nähert sich Abigail in leidenschaftlichem Werben Proctor, stößt aber auf kalte Abweisung. Sie aber kann die gemeinsamen Erlebnisse nicht vergessen, ihre starke Sinnlichkeit ist durch ihn geweckt, sie ist ständig unruhig und erregt. Wild haßt sie Proctors Frau, die ihr im Wege steht. Sie haßt aber auch Salem und die ganze verlogene Christengemeinde. Ohne John Proctor kann sie nicht leben, sie ruft sein Erbarmen an. John Proctor aber ist von dem seltsamen Wesen der Mädchen abgestoßen. Für ihn ist auch Bettys Krankheit ein gestelltes Theater, und Abigail bestätigt ihm seinen Eindruck, indem sie ihm das nächtliche Tanzen und die schockierende Entdeckung durch den Oheim mitteilt. Parris aber, der eben eine kurze Andacht mit den in seinem Empfangszimmer versammelten Gemeindemitgliedern beendet hat, kommt wieder und stürzt zu Bettys Bett. Abigail berichtet, daß Betty unruhig wurde, als sie von unten das Singen eines Psalms hörte. Für Frau Putnam ist das ein erneuter Beweis dafür, daß das Kind behext ist. Andere Gemeindemitglieder kommen hinzu. Es wird ersichtlich, welche Unruhe und Angst in der Gemeinde herrscht, wieviele kleinliche Streitigkeiten jeden gegen jeden und nahezu alle gegen Pastor Parris aufgebracht haben. Aus Proctors eigentlich begütigend gemeinten Einwänden wird aber auch deutlich, daß viele genug davon haben, nur von Höllenfeuer und Verdammnis predigen zu hören. Ebenso deutlich wird

auch die Habgier einiger Gemeindemitglieder, die dem Pastor zum eigenen Vorteil gern sein gesichertes Recht verkürzen möchten. Neid und Mißgunst werden laut, dazu wird auch die verbreitete Prozeßsucht sichtbar.
In die streitende Gesellschaft kommt Pastor Hale. Er hat ein Dutzend schwerer Bücher mitgebracht und fühlt sich stark zum Kampf mit dem Herrn der Finsternis. Frau Putnam will ihn gleich mit ihren abergläubischen Ängsten überfallen. Parris aber führt den Amtsbruder zu seiner Tochter und erzählt ihm von seiner Beobachtung im Walde. Die alte Rebecca Nurse läßt allzu deutlich durchblicken, daß ihr der Kampf gegen den Teufel ein direkter Weg zum Teufel zu werden scheint. Das weckt Groll. Der greise Giles Corey in seiner Altersgeschwätzigkeit verrät in Angst und Wichtigtuerei, daß seine Frau Bücher liest. Die Verwirrung treibt ihn sogar dazu, zu gestehen, daß er seine Frau über den Büchern fand und nicht mehr beten konnte. Er vermochte sich erst wieder zum Gebet zu sammeln, als sie das Buch schloß. Niemand beachtet, das Giles Corey erst beten lernte, als er schon ziemlich alt war, und daß er einen sehr schwachen Kopf hat, so daß es nur wenig bedarf, um ihn abzulenken. Für Pastor Hale ist die Sache einer Untersuchung wert.
Erst wendet sich Hale Betty zu. Nach einer formellen Teufelsbeschwörung beginnt er Abigail auszufragen. Parris in seiner steigenden Panik glaubt, in dem Kessel, der über dem Feuer der spielenden Mädchen hing, einen lebenden Frosch gesehen zu haben. Voller Angst gesteht Abigail stockend, daß nicht sie, aber Tituba nach dem Teufel rief. Das muß gelogen sein, weil Tituba in ihrer Negersprache sang, die keines der Mädchen verstand. Statt die offensichtliche Lüge zu durchschauen, läßt Hale Tituba holen. Seine strengen Fragen können Abigail zwar nicht veranlassen, zu sagen, daß sie den Teufel sah oder sich am Zauber beteiligte. Um sich selbst zu retten, aber deutet sie an, daß Tituba sie dazu veranlassen wollte. Tituba ist erschrocken und unwillig über diese unsinnige Beschuldigung. Aber Abigail klagt sie weiter an, sie zum Lachen veranlaßt zu haben, wenn sie beten wollte. Sie phantasiert weiter, daß sie manchmal nachts aufwacht und sich nackt in der offenen Tür findet. Dann hört sie Tituba ihre Barbados-Lieder singen. Hale ist daraufhin ebenfalls überzeugt, daß Tituba hexen kann, streng fordert er von ihr, daß sie die kranke Betty vom Zauber löst. Was **er** noch durch Zureden erreichen möchte, will der erregte Parris durch Drohungen mit Auspeitschen und Henken erzwingen. In Todesangst beginnt Tituba, andere zu

beschuldigen, während sie sich auf den Knien zu Gott bekennt. Hale verlangt von ihr Namen und sie nennt Namen, zu denen sie halbe Eingeständnisse macht. In völliger Verwirrung bekennt sie aber auch, daß ihr der Teufel erschien und befahl, Pastor Parris zu töten, was sie aber zurückwies, worauf der Teufel ihr andere zeigte, die ihm zu Willen seien. Pastor Hale triumphiert, er ist dem Bösen auf seine Schliche gekommen. Darüber gerät Abigail in Verzückung und beginnt, andere Frauen aus Salem „auszuschreien". Die aus der Ohnmacht erwachende, fiebernde Betty stimmt ein. Immer größer wird die Zahl der von den Mädchen Beschuldigten. Man ruft nach dem Büttel. Er soll sie alle festnehmen und ins Gefängnis schaffen.

Die zweite Szene des ersten Aktes spielt acht Tage später im Hause John Proctors. Elisabeth Proctor hat die Kinder zu Bett gebracht und erwartet ihren Mann, der von der Feldarbeit kommt. Ihr Verhältnis ist getrübt, obwohl sie sich alle Mühe gibt, ihm eine gute Hausfrau zu sein und auf seine Wünsche einzugehen. Der Schatten von Abigails und Proctors Verfehlung mit ihr steht zwischen ihnen. Als John Proctor kommt und sich nach der Magd Mary Warren erkundigt, teilt sie ihm mit, daß Mary in Salem ist. Proctor hat ihr verboten, wieder dorthin zu gehen. Elisabeth aber klärt ihn auf, daß die Magd die einst schüchtern und dienstwillig war, aufsässig und stolz geworden ist. Sie ist vom Gericht vorgeladen, zu dem vier Richter aus Boston entsandt worden sind. Vierzehn Frauen sind im Gefängnis und müssen mit ihrer Verurteilung zum Galgen rechnen. Wenn sie nicht gestehen, droht ihnen der Tod, nur das Geständnis, mit dem Teufel paktiert zu haben, kann sie retten. Die Stadt ist wild geworden. Abigail, die wie eine Heilige verehrt wird, führt die Mädchen zum Gericht: „und die Menschen werden vor sie gebracht, und wenn die Mädchen schreien und toben und zu Boden fallen, werden die Betreffenden in den Kerker geworfen — wegen Hexerei."

Für Proctor ist das finsterer Unfug. Elisabeth aber fordert von ihm, daß er nach Salem geht und den Trug aufklärt. Im Hause ihres Oheims hat Abigail ihm gesagt, daß alles mit Hexerei nichts zu schaffen hat. Proctor aber wird über Elisabeths Forderung bedenklich. Wenn er auch die Wahrheit weiß, es wird nicht leicht für ihn sein, bei all der Torheit in der Stadt Abigail als Betrügerin zu entlarven. Als Elisabeth auf seine Bedenken kühl und ungläubig reagiert, glaubt Proctor immer noch, ihre Eifersucht auf Abigail zu spüren. Immer zweifelt sie an ihm, der ihr offen seine Verfehlung beichtete. Als sie auf seine offenen Worte wieder ausweicht, bricht er bitter aus: „O Elisabeth, deine Gerechtigkeit brächte Bier zum Gefrieren."

Ein Geräusch von draußen lenkt ihn ab. Die Magd Mary Warren kommt heim. Wütend droht er ihr harte Strafe an, wenn sie noch einmal ohne seine Erlaubnis das Haus verläßt. Aber das ungewohnt seltsame Verhalten der Magd und die offensichtlichen Anzeichen ihrer tiefen Erschöpfung machen ihn zurückhaltend. Mary schenkt Elisabeth eine Stoffpuppe, die sie während der langen Wartezeiten zwischen den Verhandlungen angefertigt hat. Stückweise berichtet sie aus Salem. Neununddreißig Frauen sind im Gefängnis. Der Unterstatthalter hat die ersten Todesurteile gefällt. Sarah Good hat gestanden, daß sie einen Pakt mit Luzifer schloß. Proctor wendet ein, daß sie als trunksüchtige Schwätzerin bekannt sei. Mary Warren aber ist völlig der Hysterie verfallen. Sie ist überzeugt davon, daß Sarah Good ihren Geist aussandte und sie grausam quälte. Sie leidet körperlich unter ihren Wahnvorstellungen. Sie selbst hat Sarah vor Gericht beschuldigt. Sie ist sicher, ein wichtiges und heiliges Werk zu tun, sie will deshalb jeden Tag zum Gericht nach Salem gehen. Proctor ist verärgert über ihren Ungehorsam gegen seine ausdrückliche Anordnung. Als er zur Peitsche greift, mischt sich Elisabeth begütigend ein und bittet Mary, künftig daheim zu bleiben. Mary aber schreit, sie müsse helfen, herauszufinden, wo sich der Teufel in Salem verberge. Sie bringt Proctor zum Erstarren, als sie erklärt, sie habe Elisabeth das Leben gerettet. Auch ihr Name wurde vor Gericht genannt. Sie aber habe gesagt, daß sie als Hausgenossin bemerkt haben müsse, wenn in Proctors Haus etwas vor sich ginge. Im übrigen verlangt sie, nach der amtlichen Bedeutung, die ihr zu Kopf gestiegen ist, mit mehr Respekt behandelt zu werden, und geht zu Bett.

Elisabeth aber hat begriffen, was sich gegen sie zusammenzieht. Abigail will sie vernichten. Um ihren Mann zu gewinnen, wagt sie den gefährlichen Einsatz, sie zu beschuldigen. Was sonst für sie unerreichbar ist, scheint jetzt unter dem Schein frommen Rechtes erreichbar. Die Verwirrung, in die der Wahn alle gestürzt hat, ist ihre Gelegenheit. Sie wagt die Frau eines Bauern wie Proctor anzuschuldigen in der Hoffnung, sie zu vernichten und in allen Ehren an ihre Stelle treten zu können. Darum bittet Elisabeth ihren Mann, zu Abigail zu gehen, mit ihr zu sprechen, sie zur Einsicht zu bringen. Wenn sie sich aber verschließt, soll er sie ohne Rücksicht auf Versprechen, die er ihr gemacht hat, als Dirne und Betrügerin entlarven.

Plötzlich erscheint Pastor Hale im Raum. Er ist verändert. Seine einstige Sicherheit ist gewichen, er wirkt wie schuldbewußt. Der Wille, die Wahrheit zu ergründen, treibt ihn in der Nacht noch zu den neu Angeschuldigten. Nur stockend kommt das Gespräch in Gang. Noch immer ist Hale bereit, ja gewillt, zu glauben, daß „die Mächte der Dunkelheit zu einem ungeheuerlichen Kampf gegen diese Stadt angetreten sind." Aber die Methoden des Gerichtes haben ihn unsicher gemacht. Umständlich erkundigt er sich nach dem christlichen Charakter des Hauses. Er findet nichts Bedenkliches. Auch daß Proctor Ärgernis daran nimmt, daß Pastor Parris goldene Leuchter und einigen Prunk in der Kirche einführte, ist seinem puritanischen Denken verständlich. Er bringt Verständnis auf für Proctors Abneigung gegen Parris, aber es bleibt eine Lauheit in dem Bericht über Proctor, die er nicht ganz widerlegen kann. Bedenklich wird Hale, als Proctor beim Abhören der zehn Gebote versagt. Er vergißt das sechste Gebot. Mit pastoralem Trost will sich Hale verabschieden, als Elisabeth ihren Mann auffordert, Pastor Hale zu sagen, was er weiß. Zögernd, aber entschlossen erklärt Proctor nun, daß Abigail ihm sagte, wie die Erkrankung der Kinder durch den Schock, den sie bei der unerwarteten Entdeckung ihres verbotenen Tanzes erlitten, verursacht wurde, und daß Abigail selbst ihm sagte, das alles habe mit Hexerei nichts zu tun. Als Hale ihm vorhält, daß Tituba und andere gestanden haben, antwortet er, daß sie aufs Leugnen hin gehenkt würden, und daß es viele gebe, die alles beschwören, ehe sie sich henken lassen. Auch Pastor Hale hat den gleichen Gedanken schon gehabt, es fällt ihm indessen schwer, sich von dem ihm etwas wie lieb gewordenen Gedanken an Hexerei freizumachen. Elisabeth erklärt auf seine Frage, daß sie nicht an Hexen glaube, während Proctor ausweichend antwortet. Auf Zureden ihres Mannes schwächt Elisabeth ihre Worte dahingehend ab, daß sie jedem, der sagt, daß sie, eine gottesfürchtige Frau, die nur Gutes tut, eine Hexe sei, antworten müsse, daß es dann keine gebe. Hale, der immer unsicherer geworden ist, ermahnt sie, in Zukunft die Regeln der Gemeinde zu achten, ihr drittes Kind, das Proctor wegen seiner Abneigung gegen Pastor Parris bisher nicht taufen ließ, ordnungsgemäß taufen zu lassen und keine Gottesdienste mehr zu versäumen. Dann will er gehen.
In der Tür erscheint Giles Corey, gefolgt von Francis Nurse. Beider Frauen sind ins Gefängnis gebracht worden. Die eine ist „des wundersamen und übernatürlichen Mordes an Gevatterin Putnams Neugeborenen" beschuldigt. Betroffen ruft Hale sie auf, der Ge-

rechtigkeit des Gerichtes zu vertrauen. Wenn solche Frauen schuldig wären, „so bliebe nichts, die ganze Welt vorm Verbrennen zu bewahren." Aber er bleibt dabei, daß ein dunkler Anschlag des Teufels in diesen neuen Zeiten gegen Salem im Werke ist. Es gibt kein Ausweichen vor dem Gericht. Auch die Tugend der Beklagten ist kein schlüssiger Beweis: „Mann, denkt daran, bis eine Stunde, ehe der Teufel fiel, hielt Gott ihn für eine Zier des Himmels." Betroffen hört er dann aber, daß Giles Coreys Frau auf Grund der Beschuldigung verhaftet wurde, sie habe die Schweine eines wegen seiner schlechten Wirtschaft berüchtigten Nachbarn verhext, so daß sie nicht mehr gediehen und vorzeitig eingingen.

Cheever, dem Proctor bisher Vertrauen entgegenbrachte, kommt und stellt sich als neuer Gerichtsschreiber vor. Ihm folgt der Büttel. Sechzehn Verhaftsbefehle muß er noch an diesem Abend ausführen. Einer lautet auf Elisabeth Proctor. Außerdem soll er das Haus nach einer Puppe durchsuchen. Elisabeth bringt die Puppe herbei, die ihr Mary schenkte. Cheever zieht mit allen Anzeichen des Erschreckens eine lange Nadel daraus hervor. Das ist der Beweis gegen Elisabeth. Abigail fiel am Abend plötzlich schreiend zu Boden. Pastor Parris eilte ihr zu Hilfe und zog aus ihrem Leib eine Nadel, die zwei Zoll tief hineingestoßen war. Abigail sagte, daß ihr der Geist Elisabeths erschien und ihr die Nadel in den Leib stieß. Cheever sieht in der Nadel, die er aus der Puppe hervorholt, einen Beweis dafür, daß hier ein Zauber, in der Terminologie der Hexenkunde ein Sympathiezauber vorliegt. Elisabeth holt Mary Warren herbei, die wahrheitsgemäß erklärt, daß sie die Puppe anfertigte, wobei ihr Abigail und andere Mädchen zuschauten. Abigail saß ihr am nächsten.

Elisabeth wird schlagartig der Sachverhalt klar. Abigail stieß, wie sie annimmt, die Nadel unbemerkt in die Puppe und später sich selbst die andere Nadel in den Leib in der sicheren Erwartung, daß der Hexen- und Zauberglaube des Gerichtes darin einen Beweis erkennen werde, um Elisabeth zu verurteilen. So wollte sie die ihr im Wege stehende Frau des mit alles andere ausschließender Leidenschaft geliebten und begehrten Mannes vernichten. Auch Proctor hat die Zusammenhänge durchschaut. Er zerreißt wütend den Verhaftungsbefehl. Gegen Hale gewandt, der ihm versichern will, daß das Gericht herausfinden werde, ob Elisabeth unschuldig sei, beschuldigt er die Ankläger selbst der Unreinheit. In Salem ist alles, wie es war. Aber überspannte Mädchen bestimmen kreischend die Tonart, und gemeine Rache schreibt das

Gesetz vor. Er will mit Gewalt verhindern, daß seine Frau fortgeführt wird. Aber Elisabeth hat ihren Entschluß gefaßt. In mühsam errungener Ruhe gibt sie Mary Anweisungen für den folgenden Tag. Den Kindern soll Proctor nicht sagen, was geschehen ist, damit sie sich nicht ängstigen. Dann folgt sie dem Büttel. Verzweifelt versucht ihr Mann, sie zurückzuhalten. Er wird mit Gewalt daran gehindert. Hale, der in qualvoller Ungewißheit versucht, zur Milde zu mahnen, wird von Proctor als Feigling abgewiesen. Hale aber forscht vor sich selbst. Eine angemessene Ursache muß die ungeheuerlichen Ereignisse herausgefordert haben, eine geheime Lästerung, die noch nicht ans Licht gebracht ist und im Untergrund heimlich fortwirkt. Er ruft die Männer auf, unter sich Rat zu halten, was diesen Zorn des Himmels auf Salem herabgerufen hat. Er verläßt sie. Unter Klagen, daß sie alle verloren sind, gehen auch die anderen.

Proctor ist durch die Worte Hales im Innersten getroffen. Er kennt die geheime Sünde, die noch nicht ans Licht gebracht ist und die Salem in das Unheil stürzte. Als er mit Mary allein ist, erfährt er, daß sie trotz ihrer Einfalt alles durchschaut. Abigail hat ihr von dem Ehebruch mit ihm erzählt und von ihrem festen Entschluß, ihn zu gewinnen. Aber Mary fürchtet sich vor Abigail, die ihr wegen ihrer unvorstellbaren Leidenschaft unheimlich ist. Sie fürchtet um ihr Leben, wenn sie die Wahrheit sagt, denn sie weiß, daß Abigail nun, da sie die Macht hat, vor nichts mehr zurückschrecken wird. Proctor ist entschlossen, sich jetzt zu seiner Verfehlung zu bekennen. Aber seine frühere Selbstsicherheit hat er verloren, er sieht sich vor einem Abgrund, der alle verschlingen kann.

2. Akt:

Die erste Szene dieses Aktes spielt sechsunddreißig Tage nach der Verhaftung Elisabeths. Proctor hat Abigail in der Nacht heimlich aus dem Haus gerufen, um mit ihr zu sprechen. Sie gesteht ihm offen, daß sie Tag und Nacht auf ihn wartet. Proctor erkennt bald ihre Tollheit. Sie spielt ihm vor, fromm und züchtig zu sein, bleibt aber besessen von den Wahnvorstellungen, nächtlich von zaubernden Hexen gequält und verwundet zu werden. Zum mindesten spielt sie diese Rolle gut. Proctor horcht auf, als sie klagt, die Welt sei voller Heuchler, die sie alle vernichten will. Er erkennt ihren abgrundtiefen Haß gegen alle, die ihre Liebe zu Proctor Sünde nennen oder wenigstens nennen können. Diese Liebe gründet sich auf Bewunderung für den Mann, der anders ist als alle anderen, aufrecht und selbstsicher. Sein Weib will sie sein, wenn die Welt wieder rein ist. Ihre Leidenschaft zu ihm schließt alles andere aus. Proctor weist ihre Annäherung ab und erinnert daran, daß morgen sein Weib vor Gericht kommt. Abigail, die sich in ihrem Wahn aus ihrer Liebe ein heiliges Gefühl gemacht hat, ist in ihren Gefühlen getroffen, weil er von seinem Weibe spricht. Sie ist sicher, daß sie auch seinen Willen erfüllt, wenn sie Elisabeth aus der Welt schafft. Proctor droht ihr, die Wahrheit aufzudecken, sie als Hure bekannt zu machen. Sie glaubt ihm nicht: „Ich kenn dich, John — in diesem Augenblick singst du insgeheim ein Halleluja, daß dein Weib gehenkt wird." Sie verzeiht ihm, daß er seine Menschenpflicht in Elisabeths Namen getan hat, sie hofft aber, daß er bald mit „lieber Botschaft" zu ihr kommt. Sie verläßt ihn mit dem Versprechen, daß sie ihn retten wird: „Vor dir selber werd ich dich retten." Bestürzt und entsetzt starrt ihr Proctor nach.

Die zweite Szene des zweiten Aktes spielt in der Sakristei des Bethauses von Salem, die jetzt als Vorraum des Gerichtes dient. Der Raum ist noch leer. Durch die Wand hört man die Stimmen der Verhandlung gegen Martha Corey. Als der Staatsanwalt Hathorne sie fragt, warum sie die Kinder Putnams geplagt habe, und sie bestreitet, sich jemals dessen schuldig gemacht zu haben, verliert ihr Mann die Nerven und schreit in den Gerichtssaal, Putnam verbreite Lügen über seine Frau, weil er nach seinem Land giere. Er wird aus dem Saal gewiesen und in den Vorraum gebracht. Hathorne folgt ihm bald, von Parris und Cheever begleitet. Corey haßt Hathorne, dem er vorwirft, seiner Karriere die Wahrheit zu opfern. Der Unterstatthalter Danforth aber beeindruckt ihn, und dieser ist wiederum von dem alten Mann beeindruckt. Auf seine ruhigen Fragen gibt Corey ruhig Antwort. Er selbst fühlt sich schuldig, weil er in aller Harmlosigkeit gesagt hat, seine Frau lese Bücher. Nie aber hat er von Hexerei gesprochen. Er weint, weil er sich gegen die Liebe versündigt hat. Pastor Hale mischt sich ein und bittet Danforth, die Beweise des Mannes anzuhören. Der Richter verweist ihn auf die ordentliche Verhandlungsführung und läßt Corey aus dem Raum entfernen. Aber Francis Nurse kommt, um mit dem Richter zu sprechen. Seine Frau ist am Vormittag zum Strang verurteilt worden, weil sie nicht gestehen

wollte. Nurse erklärt, daß die Aussagen der Mädchen Lug und Trug sind. Der Richter ist betroffen, aber der Ernst des alten Nurse, der als gerecht und ehrenwert von allen gerühmt wird, verahlaßt ihn, sich weiter mit ihm zu befassen. Vierhundert sind durch ihn eingekerkert, zweiundsiebzig unter seiner Verantwortung zum Strang verurteilt. Der Vorwurf, der aus Nurses Behauptung klingt, ist ungeheuerlich. Aber Nurse bleibt dabei: „Nie hätt ich gedacht, es zu so einem mächtigen Richter zu sagen, aber Ihr werdet getäuscht."
Giles Corey kommt zurück. Er bringt Proctor und Mary. Parris ist betroffen, als er Mary sieht. Aber Proctor hindert ihn daran, mit ihr zu sprechen. Entrüstet wendet sich Richter Danforth an den Büttel, der ihm sagte, Mary liege krank zu Hause. Giles Corey erklärt dazu, daß sie eine ganze Woche lang mit ihrer Seele rang, bis sie sich aufraffte, endlich die Wahrheit zu sagen. Erregt fällt Hale ein, man müsse das Mädchen anhören. Danforth weist ihn zur Ruhe und wendet sich Mary zu. Sie vermag in ihrer Aufregung kein Wort hervorzubringen, bestätigt aber jedes Wort, als Proctor sagt, daß sie niemals Geister sah. Bestürzt wendet Parris, der die Gefahr für sich selbst erneut aufsteigen sieht, ein, es gehe darum, das Gericht zu stürzen. Danforth aber bleibt ruhig und erinnert Proctor daran, daß die gesamte Beweisführung dieses Prozesses auf dem Glauben beruhe, die Stimme des Himmels spreche aus diesen Kindern. Dann fragt er Mary, wie sie dazu kam, Menschen auszuschreien, sie sendeten ihren Geist über sie. Mary beharrt darauf, daß es Vortäuschung war. Danforth teilt nun Proctor mit, daß Elisabeth ihm ein Gesuch sandte, worin sie angibt, schwanger zu sein. Die Untersuchung ergab noch keine Anzeichen dafür, aber er ist bereit, ihr einen weiteren Monat Frist zu geben. Wenn dann die natürlichen Anzeichen sichtbar werden, ist sie auf ein Jahr frei. Offen befragt Danforth Proctor, ob er, falls er nur sein Weib retten wollte, unter diesen Umständen seine Beschuldigung fallen zu lassen bereit sei. Proctor kämpft mit sich selbst, erklärt dann aber: „Ich glaub, ich kann es nicht." Erregt wendet Parris erneut ein, daß es Proctor und den anderen darum gehe, das Gericht zu stürzen. Danforth aber ist entschlossen. Es ist ihm zwar unerträglich, daß er Opfer einer solchen Täuschung geworden sein soll, aber sein Pflichtbewußtsein regt sich. Er läßt die anderen Richter bitten, die Verhandlung auszusetzen. Alle Gefangenen und Zeugen sollen im Hause behalten werden.
Nun wendet er sich Proctor zu. Dieser übergibt ihm ein Schriftstück, in dem einundneunzig angesehene Mitbürger ihre gute Mei-

nung über Rebecca Nurse, Martha Corey und Elisabeth Proctor bescheinigen. Parris versucht, es mit Spott abzutun. Hale, der sich kaum noch beherrschen kann, bringt vor, daß doch nicht jede Verteidigung als Angriff auf das Gericht gewertet werden kann. Danforth entscheidet, daß Hale grundsätzlich recht hat, ordnet aber die Verhaftung aller, die das Schriftstück unterzeichnet haben, zum Verhör an. Dann wendet er sich wieder an Proctor. Die vorübergehende Regung von rechtlicher Ehrlichkeit in ihm ist wieder erstickt, es geht ihm jetzt nur noch um die eigene und die amtliche Autorität. Er ist schon zu weit in der Sache gegangen, daß er nicht behaupten müßte, daß „kraft Gottes jetzt hell die Sonne aufgegangen" sei. Corey, der ihm ein weiteres Schriftstück überreicht, hält er mit einem Gespräch über die zahlreichen Prozesse, die er schon geführt hat, hin. Dann wirft er ihm Putnams Beschuldigung vor. Auch der Hinweis, daß Putnam der einzige sei, der die verwirkten Ländereien der Verurteilten kaufen könne und kaufen werde, macht keinen Eindruck auf den Richter. Als Giles andeutet, daß Putnam gesagt haben soll, an dem Tag, an dem seine Tochter einen der bereits Verurteilten ausschrie, habe sie ihm ein schönes Stück Land geschenkt, will er den Namen des Gewährsmannes wissen. Corey aber hat Angst, den Namen zu nennen, weil er Nachteile für ihn befürchtet. Er hat das Vertrauen in die Gerechtigkeit verloren. Danforth dringt in ihn, den Namen zu nennen. Pastor Hale wendet ein, daß die ungeheure Furcht, die im Lande herrscht, berücksichtigt werden müsse. Danforth aber weist jede Verantwortung für diese Furcht von sich. Er erklärt Corey für verhaftet. Als Proctor eingreift, warnt Corey ihn, der Gerechtigkeit zu vertrauen.

Proctor holt Marys Zeugnis hervor, daß sie niemals Geister sah, daß sie unter dem Einfluß der anderen Mädchen, die sie zudem bedrohten, in den gleichen Wahn verfiel, der sich dann so verhängnisvoll auswirkte. Hale tritt zu Danforth und fordert ihn auf, den Bauern nicht allein die Verteidigung ihrer Sache zu überlassen und einen Rechtsgelehrten zuzuziehen. Er zweifelt an der Berechtigung der gefällten Urteile. Danforth aber belehrt ihn, daß nach der gültigen Rechtspraxis nur die Hexe und ihre Opfer schlüssige Beweise liefern können. Nur auf ihr Zeugnis kann sich das Gericht stützen. Auch ein Rechtsgelehrter kann daran nichts ändern. Damit beginnt er, Mary zu verhören, die die Wahrheit sagt, auch als sie darauf hingewiesen wird, daß sie für ihr falsches Zeugnis bestraft werden kann. Sie beteuert: „Ich kann nicht mehr lügen. Ich bin mit Gott."

Da öffnet sich die Tür. Abigail und einige Mädchen werden hereingeführt. Cheever berichtet, daß die meisten nicht anwesend sind. Danforth aber entscheidet, daß die anwesenden genügen. Er hält den Mädchen die Aussage Marys vor und fordert sie auf, die Falschheit abzutun. Trotzig antwortet Abigail, daß das alles Lüge sei. Nun fragt Danforth nach der Puppe. Mary Warren sagte aus, daß Abigail beobachtete, wie sie selbst die Nadel zur Aufbewahrung in die Puppe steckte. Abigail lügt, daß Elisabeth immer Puppen hatte. Gegen Proctors Behauptung, daß er nie eine Puppe zu Hause entdeckt habe, erklärt Pastor Parris völlig widersinnig, daß sie dazu da sind, „zu entdecken, was nie jemand sah." Proctor beschuldigt Abigail, seine Frau umbringen zu wollen, ringt sich aber immer noch nicht zur vollen Wahrheit durch. Er fordert Mary auf, von dem Tanzen zu erzählen. Als sie sich scheut, gibt Proctor ihre Geschichte. Parris, der sich selbst immer mehr gefährdet sieht, versucht, in Ausreden auszuweichen. Entschieden aber bestätigt Hale, daß Parris ihm gleich nach seiner Ankunft genau das erzählte, was Proctor jetzt berichtet. Mary sagt weiter aus, daß ihre Ohnmachten vorgetäuscht waren. Parris verlangt von ihr, daß sie auf der Stelle ohnmächtig wird. Mary aber kann es nicht. Als er sie weiter bearbeitet, erklärt sie, daß sie ohnmächtig wurde, weil sie glaubte, sie sähe Geister. Sie bestätigte aber, daß sie keine sah. Danforth wendet sich daraufhin wieder an Abigail, mahnt sie, zu bedenken, daß Gott jede Seele kostbar und seine Rache fürchterlich sei, und sich zu prüfen, ob sie nicht Täuschung verwirrte. Abigail wendet sich plötzlich in die Rolle der Anklägerin: „Hütet Ihr Euch, Herr Danforth. Glaubt Ihr Euch so stark, daß die Macht der Hölle nicht Euren Sinn verwirren könnte." Das ist eine offene Drohung. Aber Danforth kann nicht zurück und fragt weiter. In die Enge getrieben, weiß Abigail keinen anderen Ausweg mehr, als wieder die Besessene zu spielen. Die Angst treibt die anderen Mädchen dazu, ihrem Beispiel zu folgen, auch Mary verfällt in hysterisches Schreien. Da ringt sich Proctor dazu durch, seinen Ehebruch mit Abigail zu gestehen. Sie ließ sich aber nicht einfach fortschicken, sie sinnt auf den Tod seiner Frau, um deren Stelle einzunehmen. Er gab Abigail das Versprechen, nicht darüber zu sprechen. Aber jetzt muß er sagen, daß sie eine Hure ist. In blassem Entsetzen blickt Danforth, dem die Wahrheit bedrohlich dämmert, auf Abigail, die trotzig erwidert, daß sie fortgehen werde, wenn sie auf diese Beschimpfungen antworten müsse. Danforth läßt Elisabeth holen und befiehlt streng, ihr kein Wort von dem zu sagen, was bisher gesprochen wurde. Um ihren Mann zu schonen, sagt Elisabeth aus, daß sie krank war und glaubte, ihr Mann habe zu viel Gefallen an Abigail gefunden, und daß sie sie deshalb wegschickte. Sie verneint aber die direkte Frage, ob ihr Mann ein Ehebrecher sei. Zu spät erfährt sie, daß er eingestanden hat. Proctor wendet ein, daß sie nur seinen Namen schonen wollte. Sehr ernst erklärt Hale, daß diese Lüge verständlich sei, daß Proctor als durchaus glaubwürdig angesehen werden müsse. Für Danforth aber, der nicht ertragen kann, sich geirrt zu haben oder gar einem bewußten Schwindel erlegen zu sein, ist Proctor ein Lügner. Abigail aber spürt, daß ihr von Hale Gefahr droht. Darum entschließt sie sich, um alle abzulenken, wieder eine Vision zu spielen. Sie stellt vor, einen geheimnisvollen Vogel zu sehen, der nach ihrem Gesicht hacken will. Angstvoll folgen die anderen Mädchen ihrem Beispiel. Nur Mary wird wütend, stampft mit den Füßen auf und ruft ihnen zu, mit dem Spiel aufzuhören. Aber sie kann nicht verhindern, daß die anderen der Verwirrung verfallen, die Abigail ihnen suggeriert. Nun ist Danforth, der um jeden Preis einen für sich förderlichen Ausweg sucht, angeblich klar, daß Marys Geist der anderen Mädchen anfällt, die Abigail flehend um Schonung bittet. Verzweifelt wehrt sich Mary, sie habe keine Macht über die Mädchen und nie den Teufel gesehen. Aber sie verfällt immer mehr der Angst und dem Einfluß Abigails. Alles vernünftige Zureden geht an ihr vorüber, bis sie schließlich völlig der allgemeinen Hysterie der Mädchen verfällt. Sie nennt Proctor einen Mann des Teufels, mit dem sie nicht gehenkt werden will. Er habe sie Tag und Nacht geplagt, einen Teufelspakt zu unterschreiben, und ihr gedroht, sie zu töten, wenn sein Weib gehenkt wird. Mit Proctor erkennt auch Hale sofort den Wahnsinn. Für Danforth aber ist alles wieder im rechten Geleise; Proctor ist der Mann, der mit dem Teufel im Bunde steht. In irrer Verzweiflung glaubt Proctor, daß sein eigenes und Danforths Gesicht das des Teufels ist. Alle, die in ihren sündigen Herzen wissen, daß dieses alles Betrug ist, und die zaudern, die Menschen der Unterwelt zu entreißen, wie er es lange getan hat und Danforth es jetzt tut, sie alle werden gemeinsam brennen. Danforth läßt ihn und Corey in den Kerker schaffen. Pastor Hale aber sagt sich in heiligem Eifer von diesem Gericht los. Er wird es höheren Ortes anzeigen.

Die dritte und letzte Szene des zweiten Aktes spielt einige Tage später im Gefängnis. In einer Zelle liegen Sarah Good und Tituba. Beide haben über Gefangenschaft und Leiden den Verstand verloren. Der betrunkene Büttel kommt herein und gibt Sarah einen tüchtigen Schluck aus seiner Flasche. Dann befördert er die beiden schwachsinnigen alten Weiber, die sinnlos phantasieren, in eine andere Zelle.. Diese hier wird gebraucht. Danforth und Harthorne treten ein. Cheever mit einer Dokumentenkapsel und Schreibzeug folgt ihnen. Sie warten auf Parris. Mit Mißtrauen erfüllt sie die Nachricht, daß Pastor Hale mit der Genehmigung des Pastors Parris seit Mitternacht bei den verurteilten Gefangenen umhergeht, um mit ihnen zu beten. Die Richter fühlen sich unsicher gegenüber seinen Absichten. Auch Pastor Parris macht ihnen Sorge. Er wirkt schwächlich und unsicher. Der betrunkene Büttel meint, die vielen herrenlosen Kühe, die in der Stadt umherirrten, verwirrten ihn. Als Pastor soll er sie verteilen, aber darüber gibt es endlosen Streit.

Parris kommt mit der Nachricht, daß es Pastor Hale wahrscheinlich gelungen ist, Rebecca Nurse zum Geständnis zu bewegen. Nun sitzt er bei anderen und versucht, sie ebenfalls dazu zu überreden, durch ein Geständnis ihr Leben zu retten. Aber ihn quält etwas anderes. Seine Nichte Abigail ist seit drei Tagen spurlos verschwunden. Er glaubt, daß das Gericht nicht achtlos an der Flucht der Hauptzeugin vorübergehen kann. Mit ihr ist auch eine Freundin geflohen. Parris nimmt an, daß sie auf einem Schiff sind. Zögernd berichtet er, daß sie seine Geldkassetten erbrochen und sein ganzes Geld gestohlen haben. Er ist gewiß, daß sie aus Furcht davongelaufen sind. Die Vorgänge in der Stadt und die Gerüchte, daß in Andover das Gericht verjagt worden sei, ließen es ihnen ratsam erscheinen, ihrer Sicherheit wegen zu verschwinden. Die Urteile, die jetzt vollstreckt werden sollen, richten sich gegen die angesehensten Mitglieder der Gemeinde. Parris befürchtet Aufruhr und Rache. Er fordert einen Aufschub der Hinrichtungen. Die Richter lehnen ab. Da bleibt für Parris nur die Hoffnung, daß es Pastor Hale gelingt, die Verurteilten, wenigstens einen von ihnen zum Geständnis zu veranlassen. Wenn sie ohne Geständnis sterben, wird der Zweifel vervielfacht, die Trauer um die Toten wird in Wut umschlagen. Danforth fordert nach kurzer Überlegung die Liste der Verurteilten. Er selbst will sich bemühen, sie zum Geständnis zu bewegen. Parris berichtet weiter, daß sich die Gemeinde ihm verweigerte, als er sie zusammenrief, um John Proctor auszustoßen. Nur wenige stellten sich ein. Er selbst aber traut sich bei Nacht nicht mehr aus dem Hause. In seiner Haustür fand er einen Dolch. Hale kommt blaß und erschöpft dazu. Es ist ihm nicht gelungen, eine der Verurteilten zum Geständnis zu bringen.

Ihnen ist die Wahrheit lieber als ihr Leben. Er bittet um mehr Zeit für das Werk der Gnade.

Danforth aber erklärt entschieden, daß es keinen Aufschub gibt. Zwölf sind bereits gehenkt worden. Frist oder gar Gnade für die jetzt Verurteilten müßte die Schuld derer in Zweifel stellen, die bis dahin starben. Er spricht Gottes Recht und kann nicht von seiner Festigkeit abgehen. Noch einmal aber möchte er es bei Proctor versuchen. Seine Frau soll mit ihm sprechen. Hale bittet in wachsender Erregung Danforth noch einmal um Aufschub, der nur als christliche Milde gedeutet werden könne. Als Danforth ablehnt, wirft er ihm vor, Aufstand anzustiften und schildert die trostlosen Zustände, die in der Stadt herrschen. Es ist ein Wunder, daß die Menschen noch geduldig bleiben. Auf Danforths verwunderte Frage, warum er hierher zurückgekehrt sei, antwortet er in bitterem Hohn: „Sehr einfach — des Teufels Werk zu tun. Christen zu raten, sich selber zu verleumden."

Elisabeth wird hereingeführt. Danforth, der sich selber unsicher fühlt, bittet Pastor Hale, mit ihr zu sprechen. Dieser erklärt ihr, daß ihr Mann zur Hinrichtung bestimmt ist. Er beteuert ihr, daß er nicht zum Gericht gehört. Aber wenn Proctor stirbt, erachtet er sich für seinen Mörder. Drei Monate lang ist er in die Wüste gegangen und hat einen christlichen Weg gesucht, denn „doppelte Verdammnis trifft einen Gottesdiener, der die Menschen zur Lüge anhält." Aber jetzt darf Elisabeth nicht mehr ihre Pflicht verkennen, wie er die seine verkannte. Zornig verweist ihm Danforth, von Lüge zu sprechen, aber Hale beharrt darauf: „Es ist Lüge! Sie sind unschuldig!" Dann redet er Elisabeth zu, nicht an einem Glauben zu verhaften, der Blut fordert. Nichts kann das Opfer des Lebens, des größten Geschenkes Gottes, rechtfertigen. Es mag wohl sein, daß Gott einen Lügner weniger verdammt als jenen, der aus Stolz sein Leben wegwirft. Elisabeth ist verwirrt, sie glaubt, daß die Stimme des Teufels zu ihr spricht. Verzweifelt beschwört Hale sie: „Frau, vor Gottes Recht sind wir wie das Vieh. Wir vermögen Seinen Willen nicht zu lesen." Ungeduldig tritt Danforth zu Elisabeth. Er wirft ihr vor, daß ihr die Weibesliebe fehle. Ohne Tränen kann sie hinnehmen, daß ihr Mann stirbt. Ihre Weigerung, um die Seele ihres Mannes zu kämpfen, muß als Beweis dafür erscheinen, daß sie dem Bösen verfallen ist. Er will sie wegschaffen lassen. Da erklärt sie sich bereit, mit ihrem Mann zu reden. Parris faßt wieder Hoffnung.

Proctor wird hereingeführt, und Hale bittet die Richter, die bei-

den allein zu lassen. Sie folgen seinem Vorschlag. Schweigend stehen sich Elisabeth und ihr Mann gegenüber, bis er endlich wagt, sie zu berühren, und ein seltsamer, weicher Laut aus seiner Kehle dringt. Ermattet sitzen sie dann nebeneinander. Er erkundigt sich nach den Kindern, die wohl behütet bei Nachbarn sind. Auf ihre Frage antwortet er kurz, daß er gefoltert wurde. Sie erzählt ihm, daß viele gestanden haben. Giles Corey ist tot. Aber er wurde nicht gehenkt. Er sagte weder ja noch nein. Hätte er geleugnet, so wäre sein Besitz öffentlich ausgeboten worden. So schwieg er und starb auf der Folter. Sein Hof kommt auf seine Söhne, weil er nicht rechtens verurteilt werden konnte. Ohne sie anzusehen, gesteht Proctor, daß er daran gedacht hat, zu gestehen. Sie erklärt ihm, daß sie ihn nicht richten will, er solle tun, was er will. Sie aber will, daß er lebt. Proctor versichert ihr, daß er nicht wie ein Heiliger sterben kann. Seine Ehrlichkeit ist dahin, auch durch die Lüge kann nichts verdorben werden, was nicht schon verdorben ist. Aus Trotz schwieg er. Jetzt aber verlangt er ihre Vergebung. Elisabeth versichert ihm, daß ihm ihre Vergebung nicht hilft, weil sie sich selbst an ihm schuldig gemacht habe. Er muß sich selbst vergeben. Es geht um seine Seele. Was er auch tut, sie weiß, daß es ein guter Mensch tut. Sie hat lange ihr Herz geprüft und weiß, daß sie ihre eigenen Sünden auch mitzählen muß, die er auf sich nehmen will. Sie hat ihm ein kaltes Heim und zu wenig Liebe geboten. Sie fleht seine Vergebung an: „Ich hab noch keine solche Gutheit in der Welt gekannt." Weinend bricht sie nieder.
Hathorne kommt fragend zurück. Mit äußerster Mühe erklärt ihm Proctor, daß er bereit ist zu gestehen. Immer noch fühlt er sich so sehr als Sünder, daß es eine Vortäuschung wäre, wenn er als Heiliger stürbe. Elisabeth redet ihm zu. Erleichtert ist auch Danforth, der Proctor den Segen des Himmels für seine Einsicht verspricht. In Eile soll das Geständnis zu Protokoll genommen werden. Proctor bejaht alle Fragen des Richters. Er gerät in Verwirrung, als Rebecca Nurse, auf den Büttel gestützt, hereinwankt. Sie ist bereit, für die Wahrheit zu sterben. Aber immer noch setzt er das Geständnis fort. Die Fragen, ob er Rebecca oder andere mit dem Teufel gesehen habe, verneint er indessen. Hale drängt den Richter, es mit Proctors Geständnis genug sein zu lassen. Auch Parris wirkt in derselben Weise auf den Richter ein. Der Name Proctors allein sei in der Stadt schon gewichtig genug, um die allgemeine Unruhe und Unzufriedenheit zum Schweigen zu bringen. Noch unzufrieden, aber sich dem Druck der Stunde beu-

gend, läßt Danforth Proctor das Protokoll unterschreiben. Als er aber nach dem Blatt greift, reißt Proctor es mit allen Zeichen wilden Schreckens und grenzenloser Wut an sich. Er hat es unterschrieben, der Richter hat es gesehen, seine Seele ist gerettet. Aber sein Geständnis muß nicht an der Kirchentür angenagelt werden für die ganze Gemeinde. Er kann sich nicht als Beweis gegen seine Freunde benutzen lassen. Nie wird er seine Kinder lehren können, aufrecht auf Erden zu wandeln, wenn er seine Freunde verriet. Der Richter mag berichten, was er gesehen und gehört hat, aber sein Name darf nicht entehrt werden. Aus tiefster Überzeugung begründet er: „Weil ich lüg und mich selber der Lüge zeihe. Weil ich den Staub an den Füßen derer nicht wert bin, die in den Tod gehen! Wie soll ich ohne meinen Namen leben? Ich geb Euch meine Seele; laßt mir meinen Namen!" Als Danforth ihn mahnt, ein ehrlich Geständnis in seine Hand zu legen, zerreißt Proctor das Blatt. Hale redet ihm zu: „Ihr werdet nicht sterben! Das könnt Ihr nicht!" Aber voller Tränen und dennoch fest entschlossen sagt Proctor: „Ich kann. Und das ist Euer erstes Wunder, daß ich kann. Jetzt habt Ihr Euer Zauberkunststück vollbracht, denn jetzt mein ich wirklich, einen Fetzen Gutheit in John Proctor zu sehen. Nicht genug, ein Banner daraus zu machen, doch weiß genug, ihn vor solchen Hunden zu bewahren." Er tröstet Elisabeth und fordert von ihr, keine Tränen zu zeigen. Nur „Würde und ein steinern Herz" können die Feinde der Wahrheit und Gerechtigkeit vernichten. Wütend läßt Danforth ihn und Rebecca, die Proctor segnet, hinausführen. Parris in Todesangst und Hale in verzweifelter Reue reden auf Elisabeth ein, ihren Mann zu retten: „Sollen die Würmer seine Wahrheit kundtun? Geht ihm nach und nehmt ihm seine Scham!" Aber Elisabeth antwortet trotz aller Angst und seelischer Not: „Er hat jetzt seine Gutheit. Verhüte Gott, daß ich sie ihm nehm!" Von draußen verkündet Trommelwirbel das mörderische Geschehen, während Hale in trostlosem Gebet weint und die aufgehende Sonne Elisabeths Gesicht aufleuchten läßt.

Abschluß

In einer letzten Bühnenanweisung, einem Kommentar, der bei Aufführungen oft über den Lautsprecher bei offener Bühne mitgegeben wird, berichtet Miller über die folgende Entwicklung. Mit Proctors Ende ging auch der Wahn zu Ende. Es dauerte aber noch zwanzig Jahre, bis die Regierung den Angehörigen der Opfer eine Entschädigung zusprach. 1712 erklärte die Gemeinde die Ausstoßung der Hingerichteten für ungültig. Das Richterkollegium legte eine feierliche Erklärung nieder, in der die Bitte um Verzeihung für alle durch Verschulden der Richter verursachten Leiden erbeten wurde. Amtlich war der Wahn abgetan, die Macht der Theokratie war praktisch gebrochen. Aber es dauerte noch lange, bis die allgemeine Einsicht herrschend wurde. Miller weist darauf hin, daß einige sich immer noch sträubten, ihre Schuld zuzugeben, daß Parteigeist und Egoismus immer noch lebendig blieben. Menschen neigen immer wieder zu den gleichen Fehlern, und es fällt ihnen schwer, die einfache Wahrheit zu sehen und anzuerkennen.

TRAGÖDIE EINER UMBRUCHSZEIT

Allgemeines

Millers „Hexenjagd" spielt in einer Zeit des Überganges. Pastor Hale beruft sich zur Rechtfertigung für seine anfängliche Strenge ausdrücklich auf diese Zeiten. Auch sonst werden die neuen Zeiten für die große Verwirrung, aber auch für den Angriff des Teufels gegen die fromme Gemeinde als Grund angeführt. Die alte neuenglische Gesellschaftsordnung hatte sich überlebt. Die theokratische Ausschließlichkeit der kongregationalistischen Gemeinde war einmal in der frühen Kolonialzeit notwendig und aus der Not berechtigt, wenn nicht die kleine, auf engste Zusammenarbeit angewiesene Gemeinschaft zerfallen oder von starken und unberechenbaren äußeren Feinden zerstört werden sollte. Sie war in der Lage der Besatzung einer belagerten und auf schwierige und unzuverlässige Nachschubwege angewiesenen Festung am Rande der Zivilisation. Dieser Zustand war zu Ende. Mehr Siedler waren ins Land gekommen, der äußere Druck war zwar nicht geschwunden, aber nicht mehr so lebensbedrohend wie einst, das Leben hatte sich durch Handel und Wandel, die immer mehr die einst rein bäuerliche Gesellschaft durchsetzten, differenziert. Stärkere Seeverbindungen mit der alten Heimat hatten die Isolierung gelockert.

Wie in jeder Gemeinschaft aber hatten sich auch in dieser Nutznießer, kleine Machthaber, eitle Lokalgrößen breitgemacht und aufgebläht. Massachusetts hatte von Anfang an eine Art demokratischer Verfassung, wenn auch auf religiös-theokratischer Grundlage. Sie hatte nicht nur Selbstverantwortung, sondern auch rücksichtsloses Strebertum begünstigt. Die Lokalkönige, unter ihnen nicht zuletzt die Pastoren, die von den Lokalgrößen abhängig waren, weil sie mit deren Stimmen gewählt wurden, mochten befürchten, daß für sie schwere und unsichere Zeiten bevorstanden. Egoismus und Habsucht sahen für sich neue Möglichkeiten. Dazu kam aber auch der Zwang zur Lockerung der allzu strengen puritanischen Sittengesetze, der oft unbewußt blieb, weil der allgemeine Bildungszustand nur wenig über das Katechetentum hinausging. Es ist gewiß kein Zufall, daß die sexuell übermäßig, vielleicht krankhaft veranlagte Abigail auf ein Schiff, zu

Seeleuten floh, als sie ihre raffiniert angelegte und gesteigerte Heiligkeit, deren Wurzel der Haß gegen die selbstgerechte und oft heuchlerische Gesellschaft war, in Salem nicht mehr behaupten konnte, und die Legende paßt dazu, daß sie später in der größten Hafenstadt der Kolonie, in Boston, als Prostituierte aufgetaucht sein soll. Miller will getreulich die geschichtlichen Vorgänge im Drama wiedergeben, aber sie sind ihm nicht um ihrer selbst willen wichtig. Hexenwahn hat es an ungezählten Stellen der früheren Welt gegeben, und vielleicht ließen sich leicht Fälle aufweisen, in denen er noch grausamer und tragischer wirkte. Es geht Miller darum, an einem Beispiel aufzuzeigen, daß der gleiche Wahn, wenn auch unter anderen Vorzeichen jederzeit, auch heute wieder auftreten kann. Es ist dabei unwesentlich, ob nationale, religiöse, rassische, politisch-weltanschauliche oder vielleicht auch biologisch-naturwissenschaftliche Vorstellungen sich zur Massenhysterie ausweiten. Die Folgen werden immer die gleichen sein: Verblendung, Haß, perverses Vergnügen an Qual und Vernichtung der ausgesuchten Opfer, Gewinnsucht und Nutznießertum. Nicht die Vernunft herrscht. Wahr ist, was man glaubt, und man glaubt, was man glauben will, mag es auch tausendfach die Zeichen des Wahns aufweisen. Miller aber sieht die Aufgabe des Dichters darin, immer wieder die Wahrheit aufzudecken. Für ihn bleibt, wie für Ibsen und O'Neill, die zentrale Frage: „Wie kann der Mensch Herr werden über sich selbst, so daß er humaner wird und lernt, aus größerer innerer Kaft zu leben."

Zu den Charakteren

Alles Verhängnis der Tragödie entwickelt sich aus einer einzigen Ursache, so, wie eine zerstörerische Infektion von einem einzigen kleinen Herd ausgehen kann. Pastor Hale hat recht, wenn er nach der geheimen Sünde forscht, die alles Unheil verursachte. Es ist John Proctors Ehebruch mit der noch kindlichen Magd Abigail. Diese Verfehlung gewinnt ihre verheerende Kraft aber erst aus der Sittenstrenge der puritanischen Gesellschaftsordnung. Alle auftretenden Gestalten sind daran orientiert. John Proctor ist ein aufrechter und strebsamer Bauer, fleißig und unermüdlich in der Arbeit, bieder und grundehrlich im Wesen. In schlichter Weise hat er sich fraglos dem Lebensstil der puritanischen Gesellschaft angepaßt, ohne mehr als das Notwendigste von ihren Grundlagen zu wissen. Er verfällt der Schönheit und der Verführung der lebensgierigen Abigail. Das ist verwerflich, aber menschlich verständlich. Seine Frau ist kränklich, streng und kühl. Seine starke Sinnlichkeit bleibt unausgefüllt. Man kann nicht unbedingt sagen, daß er Abigail verführte, ebenso wenig hat sie ihn verführt. Die Gelegenheit war stark, wie durch Naturgewalt fielen beide einander zu. Die Ordnung der Gemeinde und das moralische Gesetz veranlassen die strenge Elisabeth, ihr die Tür zu weisen. Abigail muß das hinnehmen, denn die strenge Lebensordnung der puritanischen Gemeinschaft würde sie und Proctor in harte Strafe nehmen. Proctor aber sieht nicht nur die Gemeinschaft mit seiner Frau gefährdet. Sie bleibt ihm die gute und sorgsame Hausfrau. Mehr war auch vorher nicht da. Aber er fühlt sich vor sich selbst entehrt. Was er seit der Jugend lernte und lebte, ist durchbrochen, das Gleichmaß des frommen Lebens ist verwirrt. Darunter leidet er. Er fühlt, daß er seine Würde als Mann und Christ vergeben hat. Alle guten Vorsätze nützen nichts, sie machen nicht ungeschehen, was seinem puritanischen Denken gemäß überhaupt nicht mehr verändert werden kann. Noch ist er nicht zur Reife des wahren Menschentums vorgedrungen, noch ist er Erzeugnis einer gesellschaftlichen Konvention, die man nicht ungestraft durchbricht. Auch wenn die Menschen ihn nicht strafen, der sicheren Strafe Gottes kann er nicht ausweichen. Proctors natürliche Kraft ist durch seine Verfehlung gebrochen. Er wahrt nach außen hin den Schein und seine Frau hilft ihm dabei. Aber die Ordnung, die göttliche und menschliche ist aufgehoben.

Abigail bleibt zunächst ebenfalls unentdeckt, da Proctor und seine Frau schweigen. Aber ihr begegnet Mißtrauen. Nach so kurzer Zeit aus einem Dienst gewiesen zu werden, macht sie verdächtig. Niemand will sie in seinen Dienst nehmen. Im Gegensatz zu Proctor aber antwortet sie darauf mit Haß gegen die ganze Gesellschaft, den sie zwar nicht offen zeigen kann, der aber ein Ventil braucht. Dabei bleibt ihre Liebe zu Proctor tief und innig, bringt sie aber in phantastische Überhitzung. Sie glaubt fest daran, daß ihr nur Proctors Frau im Wege steht. Miller sagt von ihr, daß sie „von unbegrenzter Fähigkeit zu Verstellungen" war. Auch das ist Folge ihrer Erziehung im Sinne der puritanischen Gesellschaft. Dazu kommen ihre rege Phantasie und die durch Proctor vorzeitig erregte starke, ja übermächtige Sinnlichkeit, die sie zur Gefahr machen. Ihr Haß ist tödlich und braucht nur eine Gelegenheit, um sich vernichtend zu entfalten. Die plötzliche und natürlich

zu erklärende Krankheit ihrer Base, die ihr selbst Strafe wegen des verbotenen nächtlichen Tanzens bringen kann, wird diese Gelegenheit. Sie erkennt, daß ihr Oheim, der viel angefeindete Pastor Parris einen Ausweg aus der Verwirrung sucht, in die ihn diese Erkrankung, die außer seiner Tochter auch deren Freundin traf und wilde Gerüchte wachrief, stürzte. Es geht um seine Existenz. Der ehemalige Sklavenhändler und spät berufene Gottesdiener weiß, daß ihm Mißtrauen begegnet, auch wenn er von dem Neid der Gemeindemitglieder, die lieber einen Verwandten in seinem Amt sähen, absieht. Da sind ihm die Hexen, die in der unsicheren Zeit voller Umwälzungen vom Teufel gegen die Gemeinde mobilisiert werden, ein willkommenes Mittel, seine Feinde abzuwehren. Abigail wird durch ihre Verstellungskunst, die sich mit der Angst und dem festen Entschluß, sich den Weg zu Proctor freizumachen, paart, sein wirksames Werkzeug. Es ist schwer zu sagen, ob Parris wirklich an die Hexen glaubt. Ganz sicher ist, daß er im Lauf des Geschehens die Wahrheit erkennt und sie nun aus dem Willen, sich zu behaupten, gegen seine bessere Überzeugung mit allen Mitteln zu verschleiern bemüht ist. Daher rührt auch sein Wunsch, wenigstens einen angesehenen Angeklagten zum Geständnis zu bewegen. Das müßte die Gemeinde überzeugen und sein schrumpfendes Ansehen wieder festigen.
Aber es gibt keine Charaktere im Sinne klassischer Dramatik in diesem Stück. Ihr wahres Wesen wird erst im „Crucible", im Schmelztiegel der großen geistigen Wirrnis, des Leidens und der Angst von allen Schlacken der erstarrten Konvention geläutert. Es ist falsch, zu sagen, daß John Proctor, wie man in manchen Kommentaren liest, zunächst versagt. Wenn er sich gegenüber einer widersinnigen und tyrannischen Justiz dazu durchringt, gegen sein besseres Wissen und seine Überzeugung das Teufelsbündnis einzugestehen, um sein Leben zu retten, so liegt es daran, daß er sich nur als religiöses Wesen sieht, noch nicht den wahren Wert des Menschen erkennt. Er glaubt sich wegen seiner Sünde von Gott verworfen, er hat nichts mehr zu verlieren als das Leben. Er weiß nur um die Anfälligkeit und die daraus folgende Bedeutungslosigkeit seiner Existenz. Aber er kommt zu der Erkenntnis, daß er sich erst dann das Anrecht auf seinen Namen und damit sittliche Autonomie erwirbt, wenn er sich illusions- und bedingungslos zu menschlichen Werten und allen voran zur Wahrhaftigkeit bekennt und nicht mehr mit der Unmenschlichkeit und Einsichtslosigkeit Kompromisse schließt. Im Sterben wird er nicht nur zum Sieger über sich selbst, was Elisabeth seine Gut-

heit, die Zuammenfassung der höchsten menschlichen und sittlichen Werte, nennt, er überwindet auch seine Feinde.
In eindrucksvollem Gegensatz zu dem opportunistischen und egoistischen Gottesdiener Parris steht Pastor Hale. Er ist Spezialist für Hexenwesen und stolz darauf. Nie kommt ihm der geringste Zweifel an der Wirklichkeit der Hölle und ihrer direkten Einwirkung unter den verschiedensten Gestalten auf die Menschen. Diesen Glauben teilt er mit vielen großen Geistern seiner und auch noch unserer Zeit. Miller ergeht sich darüber in einem eingehenden Kommentar des ersten Aktes. Aber Pastor Hale ist unbestechlich, fanatisch auf die Wahrheit bedacht. Er ist menschlich und weiß um die Anfälligkeit des Menschen, die ihn leichter zu Fall bringen kann als die unmittelbare Einwirkung der Unterwelt. Aber der böse Feind ist ihm real, er fühlt sich durch sein Wissen um Hexerei und Zauberwesen dem Kampf mit ihm gewachsen. In Salem aber wird ihm bald klar, daß hier nicht nur menschliche Dummheit, sondern auch Zweckdenken, persönliche Eitelkeiten und Wünsche das Geschehen lenken. Er kennt die Literatur über Hexen, aber er hat darüber nicht den scharfen Blick für die Menschen, für ihre Fehler und Tugenden, für ihre Unzulänglichkeit und ihr ehrliches Wollen verloren. Verzweifelt muß er jedoch erkennen, daß der Wahn stärker ist als alle Vernunft, weil er nicht mehr aus Überzeugung, sondern aus niedrigen menschlichen Motiven aufrechterhalten wird. In solchen Bewegründen findet er den Widerstand des Richters Danforth, der stellvertretend für die anderen steht. Danforth kann sich auf die Dauer nicht der Erkenntnis verschließen, daß seine Urteile ungerecht, seine Opfer unschuldig sind, daß er sich täuschen ließ. Aber der Glaube an seine Amtsautorität, die Unfähigkeit, sich selbst zu einem Irrtum zu bekennen, seine Eitelkeit und die Angst um seinen Posten machen es ihm unmöglich, der erkannten Wahrheit nachzugeben. Lieber opfert er Unschuldige, als daß er sein Amt und seine Herrlichkeit antasten ließe. Er geht aus dem „Crucible", der Pastor Hale geläutert und als Kämpfer für Wahrheit und Menschlichkeit freigibt, als schmutziger Mörder mit dem falschen Schein des amtlichen Rechtes hervor.
Geläutert im „Crucible" wird auch Elisabeth. Sie erkennt ihr menschliches Versagen gegenüber ihrem Mann, dem sie Richterin statt Gefährtin war. Sie begreift den hohen Wert der Liebe. Die „Gutheit" ihres Mannes, sein wahrhaftiges menschliches Gutsein, das seine einmalige Verfehlung nicht aufhebt, aber ihn umso mehr der helfenden Liebe bedürftig macht, geht ihr auf. In der Härte

ihrer religiösen Strenge glaubte sie, ihm nicht verzeihen zu können. Aber Leid und Verfolgung und die Erkenntnis, welchen schweren Kampf ihr Mann über sich selbst um des bleibend Guten, um der Menschlichkeit willen bestehen mußte, zwingen sie, ihre eigene Schuld zu erkennen und seine Verzeihung zu erbitten. Die wahrhaft Bösen und Verwerflichen aber, die dazu nicht des Teufels sondern nur ihrer eigenen menschlichen Unzulänglichkeit bedurften, Parris und Abigail überleben den Prozeß im „Crucible" nicht, sie verflüchtigen sich. Nur die Legende weiß von ihnen, daß sie untergingen oder auf der untersten Stufe des menschlichen Seins endeten.

Weg zur Menschlichkeit

In seinen erweiterten Bühnenanweisungen, die eigentlich schon Kommentare sind, läßt Miller erkennen, daß er sein Werk für eine jederzeit wiederholbare menschliche Verirrung meint. So entschieden er darauf hinweist, daß das Schicksal jeder einzelnen Gestalt genau dem ihres geschichtlichen Vorbildes entspricht, so gewichtig und programmatisch sind auch Hales Worte: „Hütet Euch, haftet an keinem Glauben, wenn der Glaube Blut mit sich bringt... Das Leben ist Gottes köstlichste Gabe, kein noch so rühmlicher Grundsatz kann sein Opfer rechtfertigen." Um die Menschlichkeit, die Erhaltung und Förderung des Lebens geht es Miller. Sein Werk soll zeigen, wohin jede tyrannische Härte, jede absolute Herrschaft eines vorgefaßten Glaubens führen kann. Das ist Millers Tendenz. In seinen Kommentaren sieht man sich oft an die Idee des epischen Theaters, wie sie Bert Brecht theoretisch entwickelt hat, erinnert. „Die Hexenjagd" ist ein Beispiel dafür, wohin menschliche Verirrung, Massenhysterie, verabsolutierte, einseitig orientierte Glaubensforderung und immer wieder die Angst die Menschen führen können. Abigail wird von der Angst getrieben, die sich bei ihr mit dem Haß der von der Gesellschaft gemiedenen „Sünderin" gegen diese Gesellschaft und sexueller Hysterie paart. Angst treibt aber auch den Richter Danforth zu sinnloser und verbrecherischer Härte, weil er von der ihm aufgegangenen Wahrheit eine Schädigung seines Ansehens, seines Glaubens an seine Gerechtigkeit und Unfehlbarkeit und vielleicht auch für seinen Posten befürchtet. Bei ihm verbindet sich die Angst mit Eitelkeit und Größenwahn

des Amtes, Angst treibt Pastor Parris gegen besseres Wissen in die Hexenjagd, Angst um sein Amt. Schließlich wird die Angst allgemein und löst Wahnsinnsreaktionen aus, die Angst vor der Wahrheit.
Es gehört zur Tragik dieser Welt, daß sie sich offenbar nur durch Leiden und Opfer erlösen, menschlicher gemacht werden kann. Was ist das für eine widersinnige Gerechtigkeit in Salem? Wer leugnet, daß es Teufelsbuhlschaft gibt, wird gehenkt. Dem gleichen Schicksal verfällt der, den irgendjemand der Hexerei anschuldigt, und der seine Schuld bestreitet. Nur Lüge und Verstellung können das Leben retten. Dazu muß man überdies andere denunzieren und der Verfolgung aussetzen, der einmal entfesselte Wahn findet keine Grenzen mehr. Angst und Wahnsinn rasen und verlangen ihre Opfer, wobei es schließlich gleichgültig ist, ob sie schuldig sind oder nicht, wenn nur der Wahn genährt wird. Der Wahnsinn wird zum System, unter dessen Herrschaft viele, die sich Gewinn davon versprechen, den Wahn planmäßig als Mittel für ihre selbstsüchtigen Zwecke gebrauchen.
Öffentliche Theorie, die sich pathetisch brüstet, sich mit hohen Reden und vorgetäuschten Idealen verbrämt, ist das Thema von Millers Stück. Der Dichter wählt dieses historische Beispiel, das menschlich ergreifend und erschütternd ist. Aber er dachte auch an die Verfolgung der Juden im Deutschland Hitlers, an die systematische Jagd auf Menschen anderer Rasse und Hautfarbe in vielen Ländern der Welt, an die blutige Unterdrückung jeder Opposition im Stalinismus und an die Kommunistenjagden des MacCarthyismus. Durch das Selbstopfer eines einfachen Mannes zerbricht in Millers Stück der Wahn. Die Wahrheit, die eines solchen Opfers wert ist, erweist sich als stärker als aller Wahn und alle großen Phrasen, sie siegt aber auch über alle Ängste. Proctors „Gutheit", seine vollendete Ausprägung der dem Menschen eigenen Kräfte, trägt den endgültigen Sieg davon. Die Menschlichkeit kann sich aber nur in der Freiheit entfalten. Zu ihr findet Proctor über schwere Leiden in der Bereitschaft zum Selbstopfer. Es gehört zum Wesen der Tragik, daß alles Neue, Bessere und Fortschrittliche nur durch Opfer erreicht werden kann. Zur Menschlichkeit findet auch Hale bei voller Anerkennung der menschlichen Unzulänglichkeit, wenn er seinen Entschluß, nach Salem zurückzukehren, begründet: „Wozu? Sehr einfach — des Teufels Werk zu tun; Christen zu raten, sich selber zu verleumden." Der Weg zur Wahrheit und Menschlichkeit ist beschwerlich, weil viel Allzumenschliches auf ihm liegt. Aber das kann kein

Grund sein, ihn nicht zu gehen, so schwer der Entschluß dazu auch fallen mag. So trifft auf dieses Werk das Programm zu, das Miller selbst der Tragödie von heute zuweist: „Die Tragödie muß die Möglichkeit des Sieges enthalten. Wo lediglich Pathos regiert, führt ein Charakter einen aussichtslosen Kampf. Das Pathetische entsteht, wenn ein Protagonist durch Beschränktheit, Gefühllosigkeit oder seine ganze Art unfähig ist, sich mit einer überlegenen Macht auseinanderzusetzen — Pathos ist pessimistisch, Tragik aber verlangt ein feineres Gleichgewicht zwischen Möglichem und Unmöglichem. Und es ist bezeichnend und erhebend, daß die Theaterstücke, die wir durch Jahrhunderte bewundern, Tragödien sind. In ihnen und in ihnen allein lebt der optimistische Glaube, daß der Mensch sich vervollkommnen kann. Ich denke, es ist an der Zeit, daß wir, die wir ohne Könige sind, nach diesem leuchtenden Faden unserer Geschichte greifen und ihm zu dem einzigen Ziele folgen, zu dem er uns führen kann — zum Herzen des einfachen Menschen."

Die „Absage an McCarthy und sein ‚Komitee gegen unamerikanische Umtriebe'" (Hedwig Bock II, 555) ist die eine Position der Miller-Literatur, während eine andere meint, in „The Crucible" würden „Millers inquisitorische Erlebnisse vor dem Komitee ‚gegen anti-amerikanische Umtriebe', die er viel später hatte, emotional vorweggenommen"(!) (Emmel, 341). In einer dritten ist ausdrücklich nur von „moralischen Anmerkungen des Dichters" die Rede, die „die Aufgabe andeuten, die einst den personifizierten Mächten der alten Moralität zufiel" (Pongs II, 1281).

LITERATURVERZEICHNIS.

Hedwig Bock: Arthur Miller. In: Literatur-Lexikon 20. Jahrhundert, Bd. 2, S. 554-555. Reinbek 1971 (=rororo, 6162).

Felix Emmel: Rororo Schauspielführer. Von Aischylos bis Peter Weiss. S. 341-345. Hamburg 1968.

Rainer Lübbren: Arthur Miller. München 1966 (=Dramatiker des Welttheaters, 6819. Mit Bibliographie)

L. Moss: Arthur Miller, New York 1968.

Hermann Pongs: Das kleine Lexikon der Weltliteratur, Bd. 2, Sp. 1280-1281. 6. Aufl. Stuttgart 1967.

W. Uhlmann: Arthur Miller. In: Praxis des neusprachlichen Unterrichts, Jahrg. 4 (1965).

D. Welland: Arthur Miller. o. O. 1961.

ZUR NACHHILFE IN FRANZÖSISCH

Klaus Bahners
Französischunterricht in der Sekundarstufe II (Kollegstufe) Texte - Analysen - Methoden
Hinweise für Lehrer und Schüler der reformierten Oberstufe zur Interpretation französischer Texte und Abfassungen von Nacherzählungen.

W. Reinhard **Französische Diktatstoffe**
Zur Festigung und Wiederholung von Rechtschreibung und Grammatik. Vorbereitung zur Nacherzählung.
Unter- und Mittelstufe

Werner Reinhard
Kurze moderne Übungstexte zur französischen Präposition
Übungen mit Lösungen in Verbindung mit der Anwendungsmöglichkeit der wichtigsten Präpositionen machen dieses Buch zu einem Übungs- und Nachhilfebuch für Anfänger und Fortgeschrittene.

W. Reinhard **Übungen zur französischen Herübersetzung**
40 französische Texte mit Vokabelangaben als Übungen zur Übersetzung ins Deutsche. Deutscher Lösungstext im Buch.

W. Reinhard
Übungstexte zur französischen Grammatik 9.–13. Klasse
Bei diesen Texten werden alle Schwierigkeitsgrade berücksichtigt. An die Texte schließen sich Aufgaben an, deren Lösungen in einem Anhang mitgegeben werden.

G. Sautermeister
Der sichere Weg zur guten französischen Nacherzählung
Das Werk umfaßt alle wesentlichen Gesichtspunkte, die beim Schreiben einer guten Nacherzählung berücksichtigt werden müssen.

Paul Kämpchen
Französische Texte zur Vorbereitung auf die Reifeprüfung
Innerhalb der Texte kann der Studierende die Fähigkeit zur schnellen und genauen Aufnahme einer kurzen Erzählung und deren treffende Wiedergabe reichlich üben.

Möslein/Sickermann-Bernard
Textes d'étude. 25 erzählende Texte franz. Literatur
Die aus der neueren französischen Literatur stammenden Texte dienen als Vorlagen für Nacherzählungen und Textaufgaben.

ZUR NACHHILFE IN ENGLISCH

K. Brinkmann **Englische Diktatstoffe**
Zur Festigung und Wiederholung von Rechtschreibung und Grammatik. Vorbereitung zur Nacherzählung.
Unter- und Mittelstufe

Reiner Poppe
Englische Nacherzählungen Unter- und Mittelstufe
62 engl. Texte unterschiedlicher Länge und Schwierigkeit mit Vokabelhilfe und methodischen Anweisungen versehen.

Jürgen Meyer
Deutsch-englische Übersetzungsübungen 9.–13. Klasse
Texte mit Vokabeln und Lösungen für Fortgeschrittene, die ihre Kenntnisse in Wortanwendung und Grammatik erweitern und überprüfen wollen.

J. Meyer/G. Schulz **Englische Synonyme als Fehlerquellen**
– Übungssätze mit Lösungen – Diese Zusammenstellung beruht auf Beobachtungen, die die Verfasser im Unterricht gemacht haben. Die häufigsten Fehler wurden aufgezeigt und erläuternd berichtigt dargestellt.

Jürgen Meyer
Übungstexte zur englischen Grammatik 9.–13. Klasse
Texte mit ausführlichen Hinweisen zu den Vokabeln sowie Übungen zur Syntax und zum Wortschatz. Zur Gruppenarbeit und zum Selbststudium sehr geeignet.

Edgar Neis **Wie schreibe ich gute englische Nacherzählungen?**
Langjährige, im gymnasialen Englischunterricht in der Mittel- und Oberstufe bei zahlreichen Abiturprüfungen gewonnene Erfahrungen haben zur Herausgabe dieses Buches geführt. 6. Aufl.

Edgar Neis **Englische Nacherzählungen der siebziger Jahre**
Dieses Buch bringt Texte, die sich auf Persönlichkeiten unserer Zeit, auf politische und wissenschaftliche Fragen, auf zeitnahe Probleme, die zu Diskussionen herausfordern, beziehen.

Edgar Neis **Übungen zur englischen Herübersetzung**
Das Buch enthält Texte verschiedener Schwierigkeitsgrade teils mit, teils ohne Vokabelangaben und stellt ihnen vorbildliche Übertragungen versierter Übersetzer gegenüber, und zwar gesondert von den Vorlagen, so daß eine Selbstkontrolle möglich ist.

C. BANGE VERLAG – 8607 HOLLFELD